PROJECT COORDINATOR

프로젝트 코디네이터

.

최고의 전문가 네트워크를 구축하고 그들과 함께 일하라!

프로젝트 코디네이터

함승종 지음

프로젝트 성공 비결은
리더의 코디네이션 능력이다

WORKING WITH
THE BEST EXPERTS

PROJECT
COORDINATOR

출판사 포북

서문

―

나는 1950년 1월 19일(음력)에 태어났고, 그해 6월 25일에 한국전쟁이 일어났다. 때문에 나에겐 한국전쟁에 관한 기억은 없고, 강원도 원주시 행구동(구,오리골)이 내 기억의 시작점이다.

원주 치악산 아랫마을 행구동은 봄이면 진달래꽃이 피고, 살구꽃이 온동네를 덮으면 봄이 떠나간다. 앵두, 오디, 살구, 옥수수, 감자를 먹으면서 여름을 보내고, 가을에 이르러 수확한 고구마와 밤을 간식으로 먹으면서 긴 겨울의 밤을 보냈던 어린 시절의 아름다운 추억이 있다.

다섯 살 즈음, 원주의 양지바른 산골 마을을 떠나 소도시 춘천 도심으로 온 가족이 이사를 했다. 이때만 해도 휴전 직후여서 춘천은 군인 도시였다. 내가 살던 집은 미군 주둔 지역이었다. 대문을 열고 나오면 중무장을 한 군인들이 오가는 모습, 군용 트럭이 비포장 신작로를 달리며 일으키는 뿌연 흙먼지 너머로 도로를 따라 줄 지어 늘어선 미루나무가 보였다.

초등학교를 다닐 때는 주변에 전쟁 고아들과 어렵게 사는 아이들이 많았다. 또한 학교 주변은 한국군과 미군 부대를 비롯해, 선술집, 미군 클럽, 고아원이 공존하는 그런 환경이었다. 나에겐 전쟁의 기억이 없지만, 집 밖을 나서면 총으로 무장한 군인들과 탱크가 이동하는 모습이 선명하게 남아 있다.

이렇게 어수선한 어린 시절을 보내는 동안 도시는 조금씩 안정되어 갔고, 4.19혁명과 5.16군사정변이 일어나면서 대한민국은 혼돈에 빠져들었다. 그 무렵, 고교 1학년 때 어머니가 갑작스럽게 돌아가셨다. 나는 춘천에서 고교와 대학을 다니는 동안, 독서와 등산을 하며 어머니를 잃은 아픔을 달래곤 했다.

대학 시절은 동아리 활동과 총학생회 활동을 하면서 연극 공연, 그리고 명사 초청 강연회를 기획하고 진행했다. 그 일을 계기로 1년 동안 매월 한 분씩 한국의 최고 석학을 만났다. 그분들과 나누었던 대화는 큰 울림으로 다가왔으며, 내 인생의 전환점이 되었다.

그 시대 석학들의 명강의는 나에게 큰 감동이었고, 나도 그분들처럼 이 시대를 함께 살아가는 사람들에게 감동과 울림을 주는 일을 해야겠다는 생각을 가지고 사회로 나왔다. 그런데 함께 살아가는 사람들에게 감동과 울림을 주는 일이 보통 사람인 나에게는 무리한 목표였다는 걸 그때는 알지 못했다. 그러한 목표를 정하고 사회생활을 하면서 하나하나의 일에 최선을 다한다는 것, 그리고 그 일의 과정과 결과를 통해서 사람들에게 감동을 주는 것은 너무도 힘들고 어려웠다.

학창 시절, 신문과 잡지를 통해서 김수근 선생의 건축물(경동교회)과 공간연구소를 알게 되면서 건축가의 꿈을 갖게 되었다. 특히 김수근 선생이 설계한 춘천 어린이회관은 나에게 깊은 울림을 주었다. 건축을 통해서 아름다운 자연과 도시에 생명을 불어넣을 수 있다는 걸 알게 된 것이다.

김수근 선생과의 만남을 고대하며 5년을 기다린 끝에 그분과 함께 건축 작업을 하게 되었고, 그 일을 계기로 새로운 사실을 깨닫게 되었다. 사람들에게 감동을 주는 작업은 혼자서는 할 수 없고, 최고의 전문가(건축가)와 함께 협업을 함으로써만 가능하다는 사실을 배움을 통해 터득한 것이다. 그러나 협업의 즐거움을 알아갈 즈음, 작업을 시작하고 2년 만에 김수근 선생이 타계하셨다. 선생을 믿고 따랐던 나는 큰 충격을 받았고, 좌절과 혼돈 속에서 나아갈 방향을 잃고 말았다.

그로부터 1년여가 지났을 즈음 바른손 재직 당시 춘천어린회관 운영에 참여하게 되었고, 그 일을 계기로 춘천인형극제 행사를 준비하게 되었다. 집행위원회에 소속되어 있었던 나는 각계의 공연예술 전문가들을 모아 인형극축제를 준비했고, 세계인이 참여하는 국제 행사로 성공시켰다. 지방 소도시 춘천에서 문화, 예술, 그리고 축제가 어우러진 춘천인형극제를 만들어 갔던 과정은 지금까지도 내 가슴을 설레게 하는 자랑스러운 일이었다.

그 후, IMF라는 국가적 재난 앞에서 경영 위기에 빠진 바른손을 구해내기 위해 경영 전문가들과 함께 노력했던 일도 기억에 남는다. 나는 부도난 회사를 살리기 위해 경영 전문가(공병호 박사)의 컨설팅 자문을 받는 한편, 현장 경영과 해외 진출을 통해 회사의 경쟁력을 높임으로써 성공적인 M&A를 이끌어 냈다. 이러한 작업들이 나에게는 하나의 행운이었고, 최고의 전문가와 함께했던 또 하나의 협업이었다.

그리고 50대 초반의 나이에 바른손에서 이브자리로 일터를 옮겨 또다른(마케팅, 디자인) 최고의 전문가와 함께 협업할 기회를 얻었다. 협업의 결과, 재래시장 브랜드의 회사(이브자리)를 새로운 시대에 걸맞은 새로운 브랜드를 만들어 냄으로써 회사의 브랜드 가치를 높이는 행복한 경험을 할 수 있었다.

그리고 뒤늦게 깨달은 사실이지만 내가 이루었던 자랑스런 성공은 최고 전문가와의 협업에서 나온 힘도 컸지만, 각자 맡은 바 일을 열심히 해준 평범한 직원들이 있었기에 가능했다고 생각한다. 그동안 나와 함께했던 모든 직원들에게 감사와 고마움을 전하며, 내가 이룬 성과를 그들에게 돌려주고 싶다.

이순(耳順)이 되어 제3의 인생을 자연과 함께 살겠노라 귀농을 결심했고, 블루베리 농사는 그렇게 시작됐다. 농촌에서의 노후 설계 목적으로 고소득 작물인 블루베리을 선택했고, 원산지인 북미로 날아가 시장 조사를 한 끝에 〈타임〉지가 선성한 세계 10대 슈퍼 푸드 중의 하나인 블루베리를 들여와서 한국 농촌에 정착시켰다. 사업 자체로는 성공했다고 말할 수 없지만 내 인생에서 보람된 일이었다고 생각하며, 블루베리의 성공적인 정착은 지금도 개선 중이고 발전시켜야 할 과제로 남아 있다.

이제는 인생을 마무리할 시점이지만, 인생을 산다는 건 생각과 선택의 연속이다. 생각과 선택, 행동을 반복하는 과정에서 잘못된 선택도, 후회하는 일도 많았다. 그리고 인생을 살아오면서 내 가족과 주변 사람들에게 내 일에 관한 설명이 너무 부족했음을 새삼 느낀다. 특히 나와 함께 살아온 아내와 두 아들에게는 너무 말이 없는 남편이자 아버지였다. 내 삶을 다하는 그날까지도 계속 반성하고 후회하겠지만 앞으로도 그러하리라.

그래서 내가 살아온 인생의 매 순간마다, 어려운 결정을 할 때마다 이렇게 했다고 아내와 두 아들에게 말하고 싶어서 글로 남기기로 했다. 내가 평생토록 사랑하면서 살아온 가족과 형제들, 그리고 함께해 온 많은 분들께 감사한 마음으로 이 글을 드리고 싶어서 용기를 냈다. 그리고 보통 사람이더라도 탁월한 전문가와 함께 최선을 다하면, 울림과 감동을 주는 결과를 만들어 낼 수 있다는 평범하고 아름다운 진리를 말하고 싶었다.

고희(古稀)를 넘은 나이에 이르러 창 너머 한강을 바라보고 있으려니, 지금까지 나와 함께 살아온 분들의 얼굴이 떠오른다. 이 자리를 빌려 그분들에게 다시 한 번 진심으로 고맙고 감사한 마음을 전하고 싶다.

2023년 10월
함승종

차례

탐색 : 보통의 벽 뛰어넘기

1장

PROJECT COORDINATOR

1

기회는 잡아야 내 것이 된다

내가 초등학교를 다녔던 1960년대는 낙후된 경제로 인해 국민들의 삶이 어려웠던 시절로 기억된다. 그 당시에 아버지가 버스 운수업을 하셨던 관계로 우리 집은 늘 사람들로 북적거렸다. 그때는 밤 열두 시가 넘으면 통행금지가 있던 시절이어서 아침 첫차와 저녁 마지막 버스의 기사와 안내양은 우리 집에서 숙식을 해결했다. 해가 짧은 겨울 저녁이면 지루함을 달래려고 안내양 누나들과 기사 아저씨들이 막국수 내기 화투를 쳤다. 재미로 시작했다가 다투는 일도 있었지만, 마지막에는 항상 춘천막국수를 나눠 먹곤 했다. 어린 나는 그 막국수를 먹는 재미에 화투판을 구경하곤 했다. 그러다 잠이 들면 막국수를 먹지 못할까 봐 눈을 비비며 졸음을 참았던 기억이 떠오른다.

초등학교 5학년이었을 때, 하루는 밤늦도록 어른들이 화투 치는 모습을 구경하느라 미술 숙제를 깜박하고 말았다. 선생님께 야단맞지 않으려고 늦은 밤에 부랴부랴 화투장의 풍 껍데기를 그렸다. 그냥 베끼기만 한 건 아니고, 모양과 색깔을 조금씩 달리해서 그렸다.

"야, 이놈아! 숙제라면서 화투장을 그려 가면 어쩌니?"

안내양 누나들은 깔깔대며 놀렸으나 다음 날, 선생님은 잘 그렸다고 액자에 넣어 교실 뒤 벽에 걸어 주셨다. 나는 이때 처음으로 내가 미술에 재능이 있을지도 모른다는 생각을 했었다.

중학교에 다닐 때는 건축가가 되고 싶었다. 하루는 대전 이모님 댁에 다녀오신 어머니가 내게 이런 말씀을 하셨다.

"이모 집에는 화장실도 집 안에 있고, 겨울에 방문을 열어 놓고 살아도 현관문을 닫으면 안 춥더라."

어머니는 이모네가 그렇게 사는 건 이모부가 건축사무소를 운영하기 때문이라고 하셨다. 이종사촌 형도 서울에 있는 대학 건축학과를 다녔다. 클래식 음악에 대한 지식도 풍부한 형은 내가 그린 그림을 칭찬하며 건축학과 진학을 권했다. 형 말에 자신감을 얻은 나는 대학생이 되면 형처럼 멋진 건축학도가 되고 싶다는 희망을 품기도 했었다.

고등학교에 다니던 무렵, 어머니가 서울 창경원으로 벚꽃 구경을 가셨다가 갑작스럽게 돌아가셨다. 그 이후로 아버지의 사업이 기울기 시작하면서 나는 건축가의 꿈을 접고 지방 국립대학에 입학했다.

대학 2학년 시절까지는 어머니를 잃은 슬픔을 잊으려고 문학 서적을 탐독하거나 산을 찾아 등산을 다니곤 했다. 대학에 입학은 했지만, 원하던 학과가 아니었던 탓에 대학 생활은 독서가 전부이다시피 했다.

그러던 중 서울에서 대학 다니는 친구를 만나러 안암동에 있는 고려대학교에 갔다가 명사 초청 강연회 포스터를 보게 되었다. 마침 그날이 강연회가 열리는 날이어서 친구와 함께 참석했다. 초청 명사는 연세대학교 김형석 교수였는데, 그의 강연은 나에게 큰 울림을 주었다. 그리고 서울에서도 명문인 고려대학에서 경쟁 대학의 교수를 초청해 강연을 듣는 현장을 직접 접하고 많은 것을 느꼈다.

서울에서의 일정을 마치고 춘천으로 돌아올 때, 나와 같은 지방 대학 학생들에게 서울의 명사를 초청해 강연회를 개최하면 좋겠다는 생각이 들었다. 그러자 나도 모르게 흥분이 되었다. 그때만 해도 그런 명사 초청 강연회에 참석해 본 적이 없었기 때문이다. 지금에 와서 생각해 보면, 우연한 기회로 듣게 된 김형석 교수의 강연이 내 안에 잠들어 있던 젊음과 이성을 깨우는 계기가 되었던 것 같다.

3학년이 되면서 총학생회 회장으로부터 학생회 일을 함께하자는 제안을 받았다. 마침 대학 생활의 변화가 필요했던 나는 총학생회 활동에 참여해서 의미 있는 일을 해 볼 수 있는 기회라고 생각하여 학술부장 직책을 맡았다. 총학생회에 합류한 나는 하고 싶었던 일도 구체화했다. 예를 들면 학생들의 문학, 미술, 연극 동아리 활동을 적극 지원한다거나, 매월 1~2회 한국의 석학을 초청하는 '명사 초청 강연회'를 개최하여 지방 대학 학생들에게 새로운 청년정신 문화를 심어 주는 일들이었다. 이를 통해 대도시로부터 떨어져 소외된 지방 대학생들의 자긍심을 높여 준다면 반드시 도움이 되리라고 생각했다.

총학생회 학술부장을 맡게 되면서 단조롭기만 했던 나의 대학생활에도 생기가 돌기 시작했다. 발단은 오기로 시작한 연극 공연이었다. 한해 전, 축제 때 처음으로 선을 보인 연극 〈춘향전〉이 이웃 대학생들과 지방 신문으로부터 중고교 학예회 수준이었다는 혹평을 받았다. 그 이야기를 전해 듣고 자존심이 상했던 기억을 상기하면서, 나는 총학생회 간부들 앞에서 이번 축제의 연극 공연만큼은 제대로 해보겠다고 선언했다. 그러자 모두가 쌍수를 들고 반대했다.

그러나 단단히 결심한 나는 그 당시 연극계에서 가장 유명한 국립극장을 직접 찾아갔다. 극장장인 이해랑 선생을 만나 뵙고 도움을 청할 생각이었으나, 그럴 기회를 얻지는 못했다. 생판 모르는 학생이 무작정 찾아와서 만나 달라고 하면 누가 만나주겠는가. 결국 선생을 만나지 못하고 발걸음을 돌리려는데, 국립극장 직원이 할 말이 있다면서 나를 붙잡았다. 그는 선생님이 바빠서 시간을 내지는 못하지만, 학생의 이야기를 잘 들어보고 도울 수 있는 방법을 찾아보도록 자기에게 당부했다는 말을 내게 전해주었다.

국립극장 직원의 말에 용기를 얻은 나는 지방 대학 축제에서 연극 공연을 계획 중인데, 연출자를 추천 받고 싶어서 왔다고 말했다. 그러자 그 직원은 춘천에서 서울로 출퇴근하는 연출가 박원서 선생의 연락처를 알려 주었다. 그분이 극본도 여러 개 가지고 있으니 부탁해 보고, 안 되면 다시 찾아오라는 말에 나는 속으로 쾌재를 불렀다. 예산이 턱없이 부족하던 차에 연출가와 극본을 동시에, 그것도 춘천에서 구할 수 있게 되었기 때문이다.

그렇게 해서 박원서 선생을 만나기는 했지만, 나는 연극다운 연극을 한 번도 관람한 적이 없었다. 황당해하는 박원서 선생에게 연극은 잘 모르지만, 열심히 해보겠다고 설득한 끝에 겨우 승낙을 얻어냈다. 그런데 문제는 배우로 나설 지원자가 없었다.

학술부 스태프와 교지 편집위원, 미술 동아리 회원들을 설득하느라 또 한 번 진땀을 흘려야 했다. 덕분에 연극 〈꽃을 사절합니다〉는 3개월간 밤을 지새우다시피 하며 연습한 끝에 막을 올렸고, 성황리에 공연을 마쳤다. 연극을 관람한 사람들로부터 재미와 감동을 주었다는 호평을 받았고, 그 소문은 순식간에 춘천을 시끌벅적하게 만들었다. 급기야는 강원도교육감의 요청으로 춘천 시민들과 중·고생들을 대상으로 문화회관에서 앙코르 공연까지 펼쳤다. 이를 계기로 탄생한 강원대 연극부는 해마다 대학 연극제에 참가하며 지금껏 그 명맥을 이어 오고 있다고 한다.

나는 기획자와 조력자에 불과했으나 모두를 만족시킬 만한 성과를 만들어 냈다. 또한 이때의 경험을 통해 평범한 사람도 전문가와 함께하면 좋은 결과를 얻을 수 있다는 교훈도 얻었다.

내가 총학생회 활동에 참여해서 가장 잘한 일이 명사 초청 강연회였다. 이 일을 추진하겠다고 하자, 우리 대학 교수님들의 반대가 심했다. 명사들이 지방 대학 초청 강연 제안에 응할 리도 없을뿐더러, 학생회의 적은 예산으로는 고액의 강연료를 감당할 수 없다는 게 이유였다. 나는 예산에 맞춰 진행하겠다고 교수님들을 설득한 끝에, 한 달에 2회 진행하기로 한 계획을 변경해서 한 달에 1회씩 모두 10회 진행하는 것으로 제안해서 승낙을 얻어냈다. 2회분을 1회 예산으로 합치니 서울 지역 강연료의 절반 수준 정도였다. 연사의 교통비도 편도만 반영하여 곧바로 추진했다.

나는 강연 명사들이 지방 대학생들의 어려움을 이해해 주실 것으로 생각하면서 연세대학교 김형석 교수님을 찾아뵙고 취지를 설명하며 초청 강연을 부탁드렸다. 지방이라서 거절하시면 어쩌나 걱정했는데, 교수님께서는 흔쾌히 승낙의 말씀과 함께 강연 주제와 날짜까지 맞춰 주셨다. 춘천터미널까지 모시러 가겠다고 하자, 학교까지 택시로 갈 테니 신경 쓰지 않아도 된다고 말씀하셨다. 김형석 교수님은 강연료나 교통편 등에 대해서는 전혀 묻지 않으셨다. 강연 대상이 누구인지, 어떤 주제가 좋은지 등을 언급하시면서 내 걱정을 덜어 주셨다.

한 번도 해보지 않았던 연극 공연과 명사 초청 강연회가 순조롭게 진행되기 시작했다. 이에 힘을 얻는 나는 좀 더 잘해야겠다는 마음가짐으로 강연회 개최를 준비하는데, 정작 우리 대학 학생들이 관심을 보이지 않았다. 애가 탄 나는 급히 포스터를 만들어 붙이고, 안내문을 돌렸지만 기대했던 반응은 나오지 않았다.

결국 선배와 후배, 교수님들에게 부탁해서 강연 장소인 합동 강의실의 절반을 학생과 교수님들로 채운 끝에 첫 강연회를 무사히 마칠 수 있었다.

김형석 교수님의 명강의는 참석한 모든 학생과 교수들에게 감동을 주었고, 첫 번째로 시작한 명사 초청 강연회는 성공적이었다. 김형석 교수님의 명강연에 깊은 감동을 받은 나는 교수님을 모시고 춘천 호반에서 식사를 대접하며 다음 강연자를 모실 수 있도록 소개해 달라는 부탁을 드렸다. 그로부터 얼마 후, 김 교수님으로부터 안병욱 교수에게 말씀해 놓았다는 연락을 받았다.

첫 강연회가 호평을 받으면서 소문이 퍼지자, 학생과 교수님들이 저절로 모여들었다. 이후 강연회에는 춘천 지역 4개 대학 학생들도 참석하는 등 큰 인기를 끌었다. 숭실대 안병욱 교수, 〈조선일보〉 남재희 논설위원 등이 명사 초청 강연자로 참석해 청년 문화를 주제로 강연해 주셨다. 우리 대학의 명사 초청 강연회 소식을 전해 들은 강원도교육감은 수준 높은 강연에 고등학생과 시민들도 참석하는 행사로 열자고 제안해 왔다. 그 제안을 받아들인 나는 강원도교육청과 공동으로 이어령 교수를 초청해서 '8.15 특집 강연회'를 개최했다.

강연회 당일에는 휴일 교통 체증으로 인해 이어령 교수가 늦게 도착하는 해프닝이 벌어지기도 했다. 다행히 우리 학교 교수님이 임시 강연자로 나오셔서 이어령 교수님이 도착하실 때까지 강연을 진행했다. 그리고 뒤이어 도착한 이어령 교수님(그 당시에는

〈조선일보〉논설위원)이 강연해 주시면서 행사를 성황리에 마칠 수 있었다. 8.15 특집으로 진행된 강연회에서 이어령 교수님은 한국인과 일본인의 문화를 비교 설명하면서 한국인으로서의 긍지와 자신감을 고취함으로써 강연회장을 찾은 대학생 및 춘천 시민들에게 큰 감동을 주었다.

나는 명사 초청 강연회 진행자로 일하는 동안, 우리나라를 대표하는 저명인사와 지식인들을 만나 그 분야의 전문가들과 함께할 수 있는 소중한 경험을 쌓을 수 있었다. 또한 연극 공연을 준비할 때는 국립극장 이회랑 선생을 직접 찾아가는 용기를 내었다. 비록 우여곡절을 겪기는 했지만, 연극의 기본도 모르는 상태에서 전문가를 찾아내 준비한 끝에 성공적인 공연 개막과 함께 감동적인 앙코르 공연으로 이어지기도 했다.

그 당시의 나는 평범하기 그지없는 지방 대학 학생이었다. 특별한 게 없는 보통 대학생이었음에도 특별한 계획을 세웠고, 그 분야의 최고 전문가를 찾아내 실행에 옮겼다. 그 결과, 나와 함께한 이들로부터 감동과 환호를 받는 놀라운 성과를 만들어 낼 수 있었다. 지금에 와서 생각해 보면, 대학 시절의 학생회 활동은 내 인생의 큰 전환점이 되었던 것 같다. 계획을 세우고 실행하는 과정에서 전문가를 찾아내고, 그들을 만나고, 그들의 저서를 찾아 읽는 등의 노력을 함으로써 지식의 폭을 넓히는 계기를 만들었기 때문이다.

대학을 졸업하고 몇 년 동안은 이 점을 잊고 살았다. 취업해서 사회로 나왔으나 내가 진정으로 원하는 삶이라는 생각은 들지 않았다.

내 삶에서 후회스러운 기억이 하나 있다. 대학 졸업 후, 과외 지도를 할 때 가르치던 학생 집에 인사를 갔을 때였다. 학생의 어머니가 공부를 더 해보지 않겠느냐며 독일인 고아원 원장님 이야기를 꺼냈다. 그 원장님의 주선으로 독일 장학재단에서 한국 학생을 장학생으로 선발하는데, 학생의 어머니가 나를 추천했다는 것이다. 1년간 고아원 원생들을 가르치면서 원장님에게 독일어를 배울 수도 있다고 했다. 나로서는 꿈만 같은 제안이었다. 유럽 선진국 최고의 산업화를 이끌어 가는 독일로 유학을 갈 수 있다는 생각에 잠도 안 올 지경이었다.

장학생으로 선발되면 독일 장학재단 측에서 항공권을 먼저 보내주고, 항공료에 상당하는 금액을 보육원에 후원금으로 내는 방식이었다. 그런데 항공권을 받기도 전에 재단과의 연락을 맡은 유학생 학부형 회장이 항공권에 상당하는 돈을 자신에게 미리 달라고 요구해 왔다. 나는 그것이 어른답지 못한 행동이라고 느꼈으나, 그의 부당한 요구에 맞서 요령 있게 대응할 생각은 하지 못했다.

"당신 같은 사람이 학부형회 회장이라니, 참 실망스럽습니다. 평생토록 남의 나라에서 고아들을 돌봐 주시는 독일 원장님 보기에 부끄럽지도 않습니까?"

나는 비난을 퍼붓고는 미련 없이 돌아섰다. 나로서는 그와 똑

같은 사람이 되기 싫다는 마음뿐이었다. 한참의 세월이 지난 다음에야 그때의 행동이 지혜롭지 못했음을 알게 됐다. 그의 요구가 부당함을 밝히면서 감정에 치우치지 않고 현명하게 대처하여 유학을 가는 방향으로 결정했더라면, 지혜로운 선택이 아니었을까 하는 아쉬움이 남는다.

혈기 왕성한 젊은 나이 때는 욱하는 마음에 감정을 앞세우면 일을 그르치기 쉽다. 나 역시 나이 오십이 넘어 몇 번의 후회를 겪으면서 감정을 앞세우지 않은 것이 삶의 지혜였음을 뒤늦게 깨달았다.

인생에는 수많은 기회가 찾아온다. 기회는 왔다가 사라지기도 하고, 이미 내 옆에 와 있는 것을 모르고 한눈을 팔다 지나치기도 한다. 망설이는 잠깐 사이에 임자가 바뀔 수도 있는 게 '기회'라는 이름의 변덕꾸러기다. 나에게 찾아오는 기회는 이때다 싶을 때 잡지 않으면 눈 깜빡할 사이에 '남의 것'이 되고 만다.

2

건축가의 꿈을 키우다

우리 집이 강원도 원주 행구동(치악산 기슭)에서 춘천으로 이사할 무렵은 내가 네댓 살쯤 되었을 때로 기억된다. 어릴 적 내 고향은 원주 치악산 아래에 자리 잡은 시골 동네였다. 봄이 오면 온 마을이 꽃밭으로 변했고, 계절이 바뀔 때마다 앵두와 살구, 오디, 개복숭아, 고구마 등을 맛있게 먹었던 기억이 떠오른다. 그때를 돌아보면 궁핍한 시절이었지만, 어린 시절 기억 속의 내 고향은 양지바른 시골 마을의 정겨운 풍경으로 남아 있다.

다섯 살에 부모님 손에 이끌려 고향을 떠나온 나는 지방의 소도시 춘천으로 이사 와서 살게 되었다. 6.25전쟁 직후의 춘천은 군인들이 많았고, 미군 부대도 자리 잡고 있어서 '군인 도시'로 불리기도 했다. 비포장도로인 신작로에는 군용 차량이 흙먼지를 일으키며 지나다니고, 군부대와 미군 부대 앞에는 유흥업소가 줄지어 들어서 있었다. 그렇다 보니 민간 주택과 학교, 유흥업소가 제한 없이 공존하는 도시 풍경을 연출했다.

지방 도시 춘천은 강원도 도청 소재지라고는 하나, 군부대와 미군 부대, 고아원이 뒤섞여 있는 그런 도시였다. 나는 보육원에서 자라는 전쟁고아들과 함께 흙먼지를 마시며 뛰놀던 개구쟁이 중 하나였다.

미국에서 지원해 준 분유와 옥수수빵을 학교 급식으로 먹으며 초등학교와 중고교를 다녔는데, 그 당시에는 이웃 사람들의 생활이 너무나 어려웠다. 심지어 점심을 굶는 친구들이 많았기 때문에 학교에서 배식하는 옥수수죽이나 옥수수빵은 가정 형편이 어려운 친구들에게 큰 힘이 되었다.

4·19 혁명이 일어나 대통령이 하야하고, 5·16 군사정변이 일어나 사회가 경직되면서도 한두 해가 지나면서 점차 안정되어 갔다. 그러한 사회적 흐름 속에서도 춘천에 정착한 우리 집은 부모님과 육 남매가 살아가는 소박한 가정집의 면모를 갖추어 갔다.

앞마당이 있는 우리 집은 남향의 니은 자 집이었다. 중앙의 대문을 기준으로 대문 옆에는 장독대가 있었고, 대문을 사이에 두고 양쪽으로 화단이 넓게 자리 잡았다. 화단 북쪽으로는 닭장이 있었는데, 10여 마리의 닭에게 먹이를 주는 일은 언제나 내 몫이었다.

전쟁의 피해를 겪은 메마른 군인 도시 속의 삶이었지만, 매화와 고야(토종 자두) 나무, 그리고 장미 넝쿨이 담장을 감싸는 우리 집 화단에는 봄부터 가을까지 온갖 꽃이 피어났다. 내가 이러한 환경 속에서 자랄 수 있었던 데에는 어머니의 노력이 컸다.

어머니는 건강이 좋지 않아 몸이 불편하셨음에도 늘 쪽진머리에 치마저고리를 단정히 차려입으시고 생활하셨다. 아침마다 거울 앞에서 곱게 단장하실 때는 어디 멀리 다녀오실 분처럼 정성껏 옷을 차려입으셨다. 그러시고는 방안에서부터 마루, 장독대, 화단과 닭장, 마당까지 빗자루 자국을 내며 집안을 말끔히 정돈하셨다. 그래서 학교를 갔다 오면 집안이 눈이 부실 정도로 깨끗하고 아름다웠다. 어머니의 외모 또한 예쁘셨기에, 나는 그런 어머니를 볼 때마다 달려가서 치마폭에 매달리곤 했었다.

담장 밖의 춘천 거리는 여전히 소비 도시이고 군인 도시이며, 비포장도로를 오가는 군용 차량이 흙먼지를 일으키는 메마른 도시였다. 국가 주도로 새마을 운동이 시작되고, 절미운동, 잡곡밥 먹기, 1주일에 한 번 '분식의 날'을 정해 '잘살아 보세!'를 외쳤지만, 거의 매일이다시피 국수나 수제비로 저녁 배를 채웠던 기억이 난다.

다른 지방 도시에 비해 낙후되었던 춘천에 춘천댐과 의암댐이 완공되자, 도시의 분위기는 완전히 달라지기 시작했다. 담수화가 진행되면서 춘천 주변 곳곳의 강과 개울에 물이 차오르고, 도시를 둘러싸고 펼쳐진 호수에 운무가 피어오르는 호반의 도시로 탈바꿈한 것이다. 어머니와 집, 그리고 화단에 피어난 꽃의 아름다움에 빠져 있던 나는 춘천의 호수에 흠뻑 빠져들었다. 너무 아름답고 가슴 뛰는 생활이었다. 아침저녁으로 물안개가 피어오르고, 겨울이면 호수 주변을 백색의 눈꽃이 둘러싸는 춘천의 아름다움이 나를 매료시켰다.

나는 시도 때도 없이 삼악산을 올랐다. 드넓은 춘천 호수와 호수에 둘러싸인 삼악산에 올라 아름다운 춘천을 감상하고픈 욕심 때문이었다. 호반의 도시 춘천에서 고등학교와 대학을 다니며 학창 시절을 보내는 동안, 산에 올라 아름다운 춘천의 모습을 눈에 담고 호숫가에서 사색을 즐길 수 있었던 추억이 내게는 큰 축복이었다.

언젠가부터 춘천의 호수 주변에 건축물이 들어서기 시작했는데, 그중 하나가 1980년에 개관한 춘천어린이회관이다. 건축가 김수근 선생이 설계한 춘천어린이회관은 아름다운 호반의 도시 춘천에 생명을 불어넣었다. 비둘기가 물가에 내려앉는 형상을 구현한 춘천어린이회관은 나에게도 특별한 의미로 다가왔다. 고등학교 1학년 때 어머니가 돌아가신 후, 독서와 사색으로 우울함을 달래던 내가 건축의 아름다움에 빠져들기 시작한 것이다. 건축의 아름다움이 사람의 마음에 감동을 불러일으킬 수도 있으며, 하나의 건물이 도시를 바꾸는 힘이 될 수도 있다는 확신이 들었다.

나는 이때부터 김수근 선생님의 건축물인 서울의 경동교회와 공간 사옥을 보면서 선생을 스승으로 모시고 건축을 배우기로 마음먹었다. 그리고는 다니던 직장을 그만두고 건축 현장에 뛰어들어 건축 공부를 시작했다. 나는 건축을 전공하지 않았으니, 건축 현장에서 시공을 맡아 하며 건축 공부를 할 수밖에 없었다. 그렇게 발걸음을 내디딘 건축 현장에서 일하는 동안, 내 마음속에는 김수근 선생님께 건축을 배우겠다는 일념뿐이었다. 건축을 통해서 아름다운 도시 춘천에 생명을 불어넣겠다는 내 꿈은 그렇게 시작되었다.

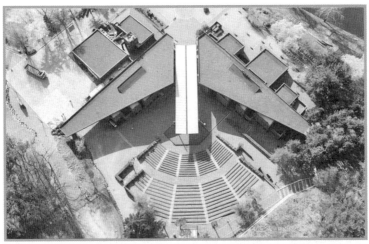

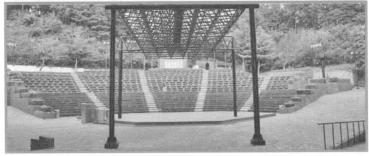

춘천어린이회관 전경(위는 상공에서 본 전경)

3

사람과 도시, 그리고 건축가

건축가가 되기로 마음먹은 나는 다니던 직장을 그만두고 전문 건설업 면허를 받아 건축 현장에 뛰어들었다. 춘천에서는 주택 건축 시공을, 서울에서는 인테리어와 도장공사를 전문 분야로 정하고 춘천과 서울을 오가며 사업 확장에 몰두했다.

건축 현장에서 일하는 동안, 내 마음속에는 도시와 건축의 관계에 대한 개념이 자리 잡아 가기 시작했다. 아름다운 도시가 되려면 뛰어난 건축물이 도시 곳곳에 자리 잡아야 하고, 그렇게 됨으로써 도시가 아름답게 바뀌어 나간다는 것. 그러한 도시의 아름다움 속에서 사람들이 행복한 생활을 누릴 수 있다는 생각에까지 이르게 된 것이다.

이러한 내 생각을 실현하기 위해서는 전문가의 도움이 필요했다. 고심 끝에 건축을 제대로 배우고, 건축 현장에서 기본을 익힐 기회를 얻기 위해 김수근 선생을 만나 뵙기로 결심했다. 그리고 나서 며칠 후, 나는 우리나라 최고의 설계사무소로 이름난 공간 연구소를 찾아갔다.

갑작스러운 방문이었음에도 장세양 실장은 친절하게 상담해 주었다. 춘천에 건축할 주택의 설계를 공간연구소에 맡기고 싶다고 하자, 공간연구소는 지방의 소규모 주택 설계는 하지 않고 대규모 공공건물을 주로 설계한다고 답해 주었다. 그리고 설계비용도 춘천 지역의 설계사무소에 비해 다섯 배가 넘었다.

나는 그 말을 듣고도 공간연구소에 설계를 맡기고 싶으니 방법을 찾아 달라고 부탁했다. 그러자 그는 비용도 많이 들고, 건축 사업자에게 불리한데도 굳이 이곳에 맡기려는 이유가 무어냐고 너털웃음을 터트리며 내게 물었다. 나는 춘천어린이회관을 예로 들면서 춘천을 아름다운 도시로 만들어 가고 싶다고 힘주어 말했다. 또한 내가 공사하는 건물이라도 설계를 아름답게 하여 춘천 곳곳에 지어 나가면 춘천은 아름다운 도시가 될 것이라고도 말했다.

내 취지를 듣고 있던 장세양 실장에게 회사에서 정식으로 계약해 줄 수 없다면, 실장님이 개인적으로라도 설계해 달라고 부탁했다. 장 실장님이 개인적으로 주택 설계 스케치와 기초 설계를 해 주면, 그 설계를 가지고 가서 춘천의 설계사무소에서 그대로 완성한 후 건축설계 허가를 받아 공사를 진행하겠다고 부탁했다.

장세양 실장은 나를 물끄러미 바라보고는 다시 한 번 너털웃음을 웃으며 난처한 표정을 지었다. 잠시 생각에 잠겨 있던 그는 더는 거절하지 못하고 시간이 나는 대로 해보겠다며 마지못해 승낙했다. 그러면서 그는 건축을 통해서 도시에 사는 사람들에게 감동과 행복을 주고, 도시에 생명을 불어넣고 싶다는 내 말이 인상 깊었다고 말했다.

춘천에 건축된 향토문화관을 김수근 선생이 설계했는데, 그때 장세양 실장이 실무를 맡았다는 사실을 전해 듣고 무작정 그를 찾아간 게 계기가 되었고, 이때부터 건축가 장세양 실장과의 인연이 시작되었다.

장세양 실장에게 간곡히 부탁해서 받은 기초 설계도를 춘천에 있는 설계사무소에서 완성해 건축허가를 받았다. 그렇게 해서 공사를 시작했지만, 건축비가 크게 늘어 어려움이 많았다. 좋은 건물을 지으려면 건축비가 많이 들기 때문에, 건축주가 감당하기 힘들 테니 다시 생각해 보라고 조언해 준 장세양 실장의 말이 머릿속에서 맴돌기도 했다. 그래도 내가 고집을 꺾지 않고 계속 추진하자, 그는 나를 이상한 사람이라고 생각했다는 말을 여러 번 하기도 했다. 나는 그런 시행착오를 겪으면서 건축 공부를 계속해 나갔다.

내가 지은 주택이 춘천에 하나둘 들어서면서 실력 있는 주택업자로서 이름을 알리기 시작했다. 그럴수록 나는 계속해서 장세양 실장을 찾아갔고, 한 번만 도와주겠다고 약속했던 그는 내 욕심을 거절하지 못하고 우리의 관계는 지속되었다. 그렇게 시간이 흐르면서 최고의 주택이 춘천 곳곳에 들어섰다. 나는 그것이 하나씩 완성될 때마다 춘천이 아름다운 도시로 바뀌어 간다는 무모한 생각을 버리지 못하고 열정을 쏟았다.

한 번은 서울로 오다가 강촌역 부근에 휴게소 건물을 짓는 현장을 보게 되었다. 춘천으로 들어오는 관문이었기에 차를 돌려서 현장으로 갔다. 그곳에서 건축주를 만나 설계 도면을 보고 싶다고 부탁해서 설계도를 건네받았다. 그곳이 춘천의 관문이고, 다리를 건너기 전의 강촌역은 서울 지역 대학생이면 누구나 한 번씩 MT를 오는 명소라서 건물이 어떻게 설계되었는지 궁금했기 때문이다. 그런데 설계도를 살펴보니, 위치에 걸맞지 않게 너무나도 밋밋한 건물이었다. 서울 방향으로 조금 더 가면 군 검문소가 있는데, 그 건물과 비슷한 건축 자재를 사용한 데다 디자인도 비슷하여 초라해 보이기까지 했다.

그래서 건축주에게 춘천 분이냐고 물으니, 그렇다고 하면서 이상한 젊은이가 왜 이러는가 궁금해했다. 나는 호반의 도시 춘천의 아름다움을 설명하면서 춘천의 관문이고, 강촌역을 끼고 있는 이곳에 이런 설계도로 지은 휴게소가 들어서면 안 된다고 열변을 토했다. 그러자 건축주는 젊은이가 쓸데없이 남의 공사 현장에 와서 건물 설계가 초라하다느니, 춘천의 관문이니 어쩌니 떠든다며 화를 내며 나가라고 소리쳤다.

내 딴에는 건축주와 춘천을 생각해서 간곡히 설명했지만, 듣는 사람으로서는 불쾌할 수도 있는 문제였다. 나는 거듭 죄송하다는 사과의 말과 함께 명함을 주고받고는 서둘러 그 자리를 떠났다. 그런데 명함을 보니, 그분은 강촌에 자리 잡은 박동해 선생님이었다.

그런 무례를 저지르고 하루가 지난 후, 박동해 선생의 전화를 받게 되었다. 밤에 잠을 못 주무셨다고 하면서 젊은이 말이 맞는데, 너무 화를 내서 미안하다고 말씀하셨다. 그러면서 설계에 따라 공사를 시작한 지금은 어떻게 해볼 수가 없다는 말씀도 덧붙였다. 걱정해 준 마음은 고맙지만, 공사를 그대로 진행하겠다고 말씀하시고는 전화를 끊었다. 나는 곧바로 전화를 걸어 지금 찾아뵙겠다고 말씀드리고는 그 즉시 춘천으로 향했다.

강촌에서 박 대표를 만난 나는 단순히 경제적인 문제가 아니니 다시 한 번 고려해 달라고 정중히 부탁했다. 그러자 그는 내게 공사를 맡으려고 그러는 것 아니냐고 물었다. 내 순수한 의도를 오해한 그의 말이 서운했지만, 나는 솔직하게 답했다. 나는 이 공사를 맡을 생각이 전혀 없으며, 단지 춘천과 박 대표님의 미래를 위해 간곡히 말씀드린다고 설득했다. 그렇게 오랜 시간 대화를 주고받은 끝에, 박 대표는 다시 설계해서 공사를 시작하는 쪽으로 마음을 돌렸다.

이 일로 공간설계사무소 이종호 실장과의 인연이 시작되었고, 오랜 세월이 흐른 지금까지도 강촌역 다리 건너에 멋진 건물이 자리를 잡고 있다. 나는 이곳을 지나다닐 때마다 나의 무리한 부탁을 받아들여 준 박동해 대표님을 떠올리며 고마운 마음을 갖곤 한다.

그러한 나의 열정으로 설계를 의뢰 받은 이종호 소장은 그 당시 공간연구소의 최연소 실장 시절이었다. 바쁜 시간을 쪼개서 나에게 기초 설계를 해주며 춘천과 인연을 맺은 그는 홍천교회,

홍천휴게소(팜파스휴게소), 양구 박수근 미술관 같은 훌륭한 건축물을 남겼다. 그 이후로도 나와의 인연이 지속되면서 바른손 사옥과 용두리 주택 같은 멋진 건축물이 탄생했다.

이종호 소장은 나와 함께 바른손과 춘천시가 공동 주최한 춘천 인형극제의 집행위원으로도 활동했다. 그는 강준혁, 구히서 선생을 행사에 참여시키는 등 궂은일을 마다하지 않았고, 지방 소도시 춘천에서 기획한 행사를 세계적인 인형극제로 만들어 가는 데 큰 역할을 해주었다. 그 당시 춘천인형극제 집행위원으로는 인형극 관계자 2명, 공연기획자 강준혁, 건축가 이종호, 연극평론 및 연극계 대모 구히서, 디자이너 정연종 선생이 참여했다. 나는 집행위원 겸 코디네이터를 맡아 행사를 준비하는 한편, 집행위원회 위원들과 손발을 맞춰 가며 인형극제의 성공적인 개최를 위해 노력했다.

아름다운 호반의 도시 춘천이 문화예술 축제의 도시로 발전하는 데는 그 누구보다도 이종호 소장의 역할이 컸다. 그는 도시 건축물에 대한 애정이 각별했고, 건축물을 통해서 도시에 생명을 불어넣기도 했다. 도시와 건축에 대한 그의 탁월한 감각에 경의를 표하면서 그리움과 감사의 마음을 전하고 싶다. 그리고 춘천을 사랑하는 마음에서 춘천인형극제 집행위원으로 참여해 주셨던 강준혁, 구히서, 정연종 선생께도 감사의 마음을 전한다.

4

멘토를 만나다

서울은 전 세계적으로 야경이 아름다운 도시 중 하나다. 한강을 따라 늘어선 스물네 개의 다리가 선사하는 빛의 향연은 보는 이로 하여금 황홀경에 빠지게 한다.

1980년대 초반까지만 해도 한강의 다리들은 대부분 우중충한 회색 아니면 은색이었다. 이제는 스물네 개의 다리가 각각의 독립적인 조형물 역할을 한다. 다채로운 색상과 건축미가 돋보이는 요즘의 한강을 지나면서 문득문득 혼자만의 자부심에 젖어 들 때가 있다. 달라진 한강의 모습에 내 젊은 날의 순수한 열정 한 토막이 녹아들어 있기 때문이다.

한강 다리 난간 보수공사는 막 건축업에 발을 내디딘 내가 현대건축의 거장 김수근 선생에게 조금이나마 가까이 다가서기 위해 자청한 일이었다. 사회생활을 하면서 우연히 신문에서 '김수근'이라는 건축가를 발견한 순간이 내게는 인생의 터닝 포인트가 되었다. 그분이 설계한 경동교회와 '공간' 사옥을 직접 보고 난 뒤부터 나의 목표는 하나뿐이었다.

'김수근 선생님을 건축의 스승으로 모시고 일을 배우자.'

뒤늦게나마 용기를 갖게 된 배경에는 대학 총학생회 임원으로 활동하며 연극제와 명사 초청 강연회 등 남들이 불가능하다고 여겼던 행사를 성공적으로 이끌어 본 경험들이 큰 몫을 했다. 즉 보통의 능력으로 하기 힘든 일도 그 분야의 최고 전문가를 찾아 함께 일하면 대중에게 감동을 줄 수 있는 일을 의외로 쉽게 이룰 수 있다는 깨달음을 얻은 것이다.

경험 앞에 장사 없다고 했다. 흔히 전문가로 지칭되는 사람들에겐 그들만의 성공 노하우가 있다는 사실도 알게 되었다. 그렇게 해서 찾아낸 성공 비결은 전문가들의 성공 포인트를 배워서 내 것으로 만드는 방법이었다. 능력이나 스펙의 열세를 메우고 전문가를 따라잡으려면 전문가와 함께 일하면서 배움을 얻는 방법뿐이라고 생각했다.

그런 관점에서 김수근 선생은 내게 건축의 길을 열어 줄 최고의 전문가였다. 선생이 설계한 건축물을 눈으로 직접 본 순간, 오랫동안 잊고 살았던 꿈이 내 안에 되살아났다. 결심한 이상 망설일 이유가 없었다. 더는 어떤 이유나 핑계를 대며 가고자 하는 길을 포기하고 싶지 않았다.

다행히 전문건설업을 시작하고 1년 만에 서울시 시공 업체로 등록할 수 있게 되었다. 88올림픽을 앞둔 그 무렵, 김수근 선생이 서울시 건축위원회 심의위원으로 위촉되었다는 소식을 듣고 열심히 실적을 쌓은 결과였다.

1981년 독일 바덴바덴에서 개최된 IOC 총회에서 1988년 하계 올림픽 개최지로 서울이 선정되었을 때는 감동이 벅차올랐다. 나는 그때부터 대한민국 국민으로서, 그리고 서울 시민으로서 서울올림픽을 성공적으로 개최하는 데 도움이 될 수 있는 일을 찾아보기로 결심했다. 서울에서 전문건설업 사업체를 운영하고 있던 나에게도 뭔가 할 수 있는 역할이 있을 거라는 생각이 들었다. 나는 고민 끝에 도장업체로서 7년 후 올림픽이 열리는 서울을 아름답고 깨끗한 도시로 만드는 일에 도전해 보기로 했다.

　　그로부터 얼마 후, 사업 계획을 정리하여 '아름다운 서울 프로젝트' 제안서를 만들었다. 작성한 제안서를 들고 서울시 도로시설 유지보수 팀을 찾아간 나는 담당 직원에게 서울시에서 전문건설업 사업체를 운영하는 사람임을 밝힌 후, 가져간 제안서를 내밀었다. 그러고는 올림픽 개최를 앞둔 서울의 도로 시설(가드레일, 가로등, 육교, 터널 등)을 예로 들면서, 도색에서부터 사후 관리가 부실하여 도시의 전체 분위기를 해치고 있으니 개선이 시급하다고 역설했다.

　　또한 올림픽 개최 전 4년 동안, 서울의 도로 시설물을 대상으로 봄맞이 새 단장을 4회 실시하고 꾸준히 관리한다면 아름다운 도시를 만들 수 있다고 설득했다. 특히 내 집의 현관을 청소하듯 깨끗이 관리하는 것은 물론, 밝은 색상의 페인트를 사용해 도시의 분위기를 획기적으로 개선하겠다는 의견도 밝혔다. 내 설명을 들은 담당자는 검토한 후 연락하겠다며 제안서를 두고 가라고 했다.

그 일이 있고 나서 한참이 흘렀음에도 연락이 없어 다시 찾아 갔더니 담당자가 말하길, 현재의 관리 규정상 시행할 수 없는 아이디어라면서 계획서를 돌려주는 게 아닌가. 어쩔 수 없이 발걸음을 돌려야 했지만, 내가 만든 제안서를 어떻게든 실행에 옮기고 싶었다. 88서울올림픽을 성공적으로 개최하는 데는 도시 미관 개선이 필수적이라고 생각했기 때문이다. 고민을 거듭하던 나는 건축가 김수근 선생님을 떠올렸다. 그분 정도의 영향력이라면 방법을 찾을 수 있겠다는 생각이 들었다.

김수근 선생을 만나려고 '공간건축' 사무실에 전화도 해보고, 직접 찾아가 본 적도 있으나 선생을 직접 만날 방법이 없었다. 서울시에서 주관하는 교각 보수공사에 참여하게 된 건 올림픽을 7년 앞둔 시점이었다. 비록 규모가 작고 눈에 띄지도 않는 공사였으나, 내 마음속 스승인 선생에게 한 걸음 다가갈 수 있다는 것만으로도 가슴 설레는 일이 아닐 수 없었다.

내가 맡은 한강대교는 가드레일이며 가로등, 교각의 쇠붙이란 쇠붙이는 전부 녹을 긁어낸 후 녹막이 페인트로 칠했다. 가로등은 은분을 칠하고, 가드레일은 회색 페인트로 칠했다. 나름 꼼꼼하게 최선을 다해서 작업했다. 그러고 나서 정산을 해보니, 페인트칠을 잘하고도 도급액의 40% 정도면 충분했다. 그래서 도색 작업을 모두 끝낸 후, 남는 돈으로 인부를 고용해서 매일 한강대교 시설물을 청소해 주면 어떨까 하는 생각이 들었다.

교각 하나를 닦는데 4~5일, 일주일이면 한 바퀴를 다 돌았다. 이런 식이라면 비용을 추가하지 않고도 365일 청결하고 보기 좋은 상태로 한강 다리를 관리할 수 있겠다는 판단이 섰다. 서울시 시설물에 관심을 기울이게 된 것도 이때부터였다. 만약 내가 칠한 한강 다리를 봄맞이 새 단장 한 번 하는 예산으로 1년 내내 내가 관리한다면, 봄에 잘 칠하고 1년 365일 인부를 고용해서 깨끗하게 관리할 수 있겠다는 결론을 얻었다.

TV 화면으로 보았던 도쿄올림픽이나 스페인 월드컵의 화려하고 멋진 그림과는 거리가 먼 우리의 서울을 접할 때마다 가슴이 답답해지곤 했었다. 재래식 시장 골목의 풍경도 지저분해서 부끄러웠지만, 특히 청계천 고가 밑 도로는 최악이었다. 고가 밑에 쓰레기가 쌓여 지독한 냄새를 뿜어내는 탓에 눈길조차 주기 싫었다. 과연 이런 곳에서 올림픽을 제대로 치를 수 있을까 걱정될 정도였다.

도로 시설물과 주변 환경이 그 지경이 된 데에는 엉터리 날림 공사 탓도 있었다. 새로 페인트를 칠한 고가도로가 며칠만 지나면 시커멓고 지저분하게 변할 정도였으니 말이다. 자동차를 타고 고가 위를 달리는 시민들은 눈살을 찌푸려도 다리 밑에서 대충 형식적인 점검만 하는 공무원들은 이를 알 턱이 없었다. 그러니 매번 보수공사를 해도 도로 시설물은 점점 더 지저분해지고 어두워졌다.

남산터널은 더 심각했다. 매연도 매연이지만 터널 벽면에 먼지가 켜켜이 쌓인 광경은 보기만 해도 숨이 턱턱 막혔다. 1년에 한 번만 닦아 줘도 저렇게까지 지저분하지는 않을 텐데…. 대체 얼마나 안 닦았는지 궁금하던 차에, 하루는 차를 터널 바깥에 세워 놓고 안으로 들어가 장갑 낀 손으로 벽을 긁어 보기까지 했다. 시커멓게 엉겨 붙은 먼지가 1~3센티미터는 족히 쌓여 있었다.

나는 〈청결하고 아름다운 서울 만들기 6년〉이라는 제목의 제안서를 만들었다. 올림픽이 개최될 때까지 추가 비용 없이 청계천 고가와 한강 다리, 남산터널 등 서울의 주요 시설물을 아름답게 가꿀 방안들을 구체적으로 담은 제안서였다.

핵심은 한강 다리를 밝고 화사한 색상으로 바꾸자는 것. 여기에서 한 걸음 더 나아가 각 구청마다 자기 구청의 색을 정해서 가드레일이나 가로등을 칠한다. 즉 칠한 색깔만 보면 이곳이 서울 어느 구청의 소관이라고 시민들이 알 수 있게 각 구청별로 정해진 색을 칠해서 아름답게 관리하자는 계획서를 만들었다. 한강 다리 역시 관할 구청의 색으로 칠해서 한강의 아름다움을 돋보이도록 하자는 아이디어도 첨부했다. 하지만 서울시 담당자는 기존의 시스템을 알지도 못하는 사람이 엉뚱한 소리를 한다며 제안서를 살펴보지도 않은 채, 가져가라며 돌려주었다. 올림픽이라는 국가적인 경사에 힘을 보태려는 순수한 시민 정신이 허탈하게 무너지는 순간이었다.

나는 내친김에 서울시 88올림픽준비 자문위원을 맡은 김수근 선생 비서실을 찾아갔다. 선생이라면 나의 진의를 알아줄 것이라 믿었다. 김수근 선생님을 만나지는 못하고 디자인실장이 내 계획서를 받아서 선생님께 보여드리겠다는 답변을 듣고 돌아왔다. 그때 만난 디자인실장도 서울시 담당자와 비슷한 오해를 했으나 기분이 상할 정도는 아니었다. 얼마 후, 디자인실장의 연락을 받았다.

"선생님께서 매우 좋은 아이디어라고 칭찬하시더군요. 그리고 선생님이 서울시에 설명해서 적용해 보도록 하겠다는 말씀도 하셨습니다. 하지만 협업이 성사될 거라는 보장은 못 합니다."

나는 제안서를 빌미로 공사를 맡을 생각도, 그럴 필요도 없었다. 그때는 김수근 선생이 내 제안서를 읽어 봤다는 사실만으로도 큰 위안이 되었다.

그로부터 1~2년쯤 지났을 때, 성산동 고가도로가 보라색으로 바뀌더니 한강 다리가 차츰 화사한 색상으로 옷을 갈아입기 시작했다. 비록 내 제안서가 통한 결과라고 할 수는 없어도 내심 보람을 느꼈다. 천편일률적으로 회색, 은색 일변도였던 한강 다리를 쳐다보며 누군가 나와 같은 고민을 했을 수도 있다. 어쨌거나 내가 일을 안 맡아도 좋으니, 내 제안서가 서울시가 올림픽을 준비하는 데 도움이 되었으면 좋겠다고 생각했다.

한강 다리 난간 색상이 다채롭게 변화하면서 한강의 아름다움은 더욱 빛을 발하기 시작했다. 올림픽이 가까워지면서 서울의 모습도 하루가 다르게 바뀌어 갔는데, 그 중심에는 올림픽 주경기장과 체조·수영·사이클 경기장 등의 설계를 맡은 김수근 선생이 있었다.

　내가 선생을 대면할 길은 점점 멀어지고 있는 듯했다. 일개 건설업자가 한국 건축계의 거장을 직접 만날 기회를 얻는 게 쉬운 일이겠는가.

　그러던 어느 날, 귀가 번쩍 뜨이는 소식을 들었다. 선생이 감리를 맡은 '한국의집(코리아 하우스)' 공사 현장에 지인의 회사가 시공 업체로 참여하게 된 것이다. 나는 무작정 그 지인을 찾아가 도장공사 하도급 업체로 참여할 수 있도록 해 달라고 부탁했다. 그로부터 얼마 후, 우리 회사는 한국의집 도장공사 하도급 업체로 선정되어 건축 현장에 합류했다. 마침내 꿈에 그리던 김수근 선생과 함께 건축공사를 하는 기회가 내게 찾아왔다.

5

완성도를 높이려는 노력이 특별함을 만든다

한국의집, 일명 '코리아 하우스'는 전체 도색공사의 50% 정도
가 단청으로 설계되었다. 단청은 내게 생소한 분야였으나,
김수근 선생과 함께 일하며 경험을 쌓을 수 있는 절호의 기회였
다.

나는 단청공사를 잘 해내기 위해 할 수 있는 모든 노력을 기울
였다. 우선 고건축협회를 찾아가 국내 최고로 꼽히는 단청 무형
문화재 어르신을 소개받았다. 어렵사리 승낙을 받고 한창 밑 작
업을 하는 동안에 설계가 변경되었다. 김수근 선생의 지시로 단
청 도장공사가 콩댐 도장으로 바뀐 것이었다.

불린 콩을 맷돌에 갈아 콩물을 짜서 목재 문이나 한옥 마루에
칠하고 광택을 내는 작업인 콩댐은 전통적인 한국의 칠 방식이
다. 콩댐을 하려면 마루나 장판에 칠을 한 후, 물기가 스며들지
않도록 계속해서 덧칠을 해야 한다. 장판에 쓰는 한지나 마룻바
닥이 오래도록 그 성질과 윤기를 유지하기 위해서는 기름이 잘
배어들도록 하는 기술이 핵심이다.

단청이 콩댐으로 변경된 당일, 나는 현장소장을 통해 김수근 선생의 부름을 받았다. 한국의집 공사 현장에 합류하고 나서 3개월 만이었다. 선생은 현장소장과 함께 간 나를 보시더니 이렇게 말씀하셨다.

"젊은 친구가 콩댐을 알겠나."

그토록 고대하던 만남이었으나 상황은 초장부터 녹록하지 않았다. 선생은 50대 초반, 나는 30대 초반의 더벅머리 총각 시절이었다. 사무실에 들어선 내 얼굴을 마주한 순간, 선생은 실망한 표정이 역력했다.

선생은 작업자가 너무 어리다고 생각하셨던 모양이다. 더군다나 콩댐은 처음이라는 말을 듣고는 노골적으로 언짢은 기색을 내비쳤다.

"경험 많은 사람으로 바꾸도록 하지."

현장소장과 시공 업체 담당자까지 있는 자리였다. 단지 경험이 없다는 이유 하나만으로 도장업체를 바꾸려고 하자, 당황한 나는 참을 수가 없었다.

"선생님, 무슨 말씀을 그렇게 하십니까?"

대뜸 감정적인 언사가 튀어나오자, 깜짝 놀란 현장소장이 내 팔을 잡아끌며 밖으로 나가려고 했다. 하지만 자존심이 무너진 나는 그 자리에 버티고 서서 꿈쩍도 하지 않았다. 일이 이렇게 된 이상, 할 말은 해야 직성이 풀리는 성격이라 현장소장의 만류에도 불구하고 선생 앞으로 나섰다.

"지금 우리나라 도장업체 중에 콩댐으로 시공하는 업체가 얼마나 있겠습니까? 제가 경험은 많지 않지만 함께 일하는 기술자 중에는 경력이 오십 년 넘은 사람, 나이가 육십이 넘고 도장 일만 사오십 년 이상 한 사람들이 태반입니다."

서운한 마음에 말이 술술 터져 나왔다.

"저는 일 잘하는 기술자들과 함께 일하면서 한 번도 실수한 적이 없습니다. 작업팀이 일을 잘 해내면 되는 것이지, 업체 대표가 젊고 경험이 부족한 것은 중요한 결점이 아니지 않습니까?"

회의 테이블을 돌아 본인 자리로 가려는 선생을 뒤쫓아 가면서 겁도 없이 따지고 들었다.

"작업자는 시방서에 정해진 대로 일만 잘하면 된다고 생각합니다. 여기서 대표가 젊다는 게 무슨 상관이고, 콩댐에 경험이 있든 없든 그게 무슨 상관입니까? 선생님은 지금까지 경험해 본 일만 하셨습니까? 새로운 일은 안 하십니까?"

숨도 안 쉬고 말을 쏟아내고 있는데, 선생이 고개를 돌렸다. 그러고는 잠시 나를 빤히 쳐다보시고는 이렇게 말씀했다.

"내가 생각을 잘못했네. 미안하게 됐어요. 이름이 뭐라고 했죠?"

"함승종입니다."

"그래요, 함 대표 얘기가 맞아요. 우리 한번 잘해 봅시다!"

그 즉시 분위기가 반전되었다. 선생이 내게 악수를 청하며 언제 그런 일이 있었냐는 듯 껄껄 웃으며 사과했다. 나는 선생의 행동에 깜짝 놀라면서도, 거장은 역시 다르구나 싶었다.

건축물의 기능 면에서 볼 때, '한국의집'은 외국인 손님을 접대하는 장소이므로 사찰이나 고궁 건축물에 적용하는 단청이 다소 고루해 보일 수도 있다. 그러니 단청에서 콩댐으로 도장 방식을 변경한 김수근 선생의 선택은 백번 옳았다. '한국의집'은 관공서도 아니고 사찰도 아닌, 순수하게 외국인들 접대 장소로 쓰이는 한국 전통 레스토랑이다. 서까래, 대들보, 마루, 문짝 등 목재와 장판까지 콩댐으로 작업하자면 여간 까다로운 일이 아니었다. 그럼에도 한국의 건축문화를 완성도 있게 표현하는 데는 단청보다 콩댐이 제격이었다. 김수근 선생은 이 점을 높이 보았기에 현장의 혼란을 무릅쓰고라도 설계 변경을 지시했을 터였다.

보통의 감리자는 기계적으로 체크할 것만 하고 만다. 범위를 벗어난 간섭은 월권이라 생각하기 때문이다. 단청을 할지 콩댐을 할지는 설계자의 몫이다. 선생은 감리자로서 자신에게 부여된 권한과 책임 안에서 할 수 있는 최선을 다해 '한국의집'이라는 건축물 본연의 가치와 완성도를 높였다.

갑작스런 설계 변경으로 애를 먹기는 했으나, 나는 선생의 우려가 기우였음을 증명하기 위해서라도 작업에 최선을 다했다. 언론에서는 콩댐을 '신의 한 수'로 평가했다. 변색 없이 오랜 기간 보존하기 위해 목재나 종이에 기름을 짜서 칠하는 방식인 콩댐은 한국의 얼을 보여줄 수 있는 전통문화라는 게 그 이유였다. 덕분에 우리 회사는 시공사로부터 감사패를 받기도 했다.

'한국의집' 공사는 김수근 선생에게 처음으로 내 존재를 알리고 능력을 인정받았다는 점에서 의미가 깊은 공사였다. 이때의 인연으로 김수근 선생이 설계한 박고석 화백의 아틀리에 겸 주택 건축공사에 시공 업체로 참여해 함께 작업하는 영광을 누리기도 했다.

지난 삶을 돌이켜 볼 때, 김수근 선생과의 인연은 내 인생의 터닝 포인트가 되었다. 나는 전문 건설업체 대표로서 좋은 주택과 아름다운 건축물을 기획하여 건축했고, 문화예술 축제를 기획했으며, 기업의 위기 관리 및 브랜드 파워를 높이는 전문가로 활동했다. 은퇴 후에는 북미산 블루베리를 한국에서 재배해 성공한 1세대로서 고소득 작물인 블루베리를 한국 농가에 보급한 영농인이기도 하다. 이런 다양한 이력의 소유자를 만든 계기와 바탕에는 김수근 선생과 건축 일을 함께하면서 깨달은 유, 무형의 배움이라는 자산이 있었던 것이다.

구태여 본인이 신경 쓸 필요 없는 부분까지 통찰하고 헤아릴 줄 아는 프로 정신은 나에게 완성도를 높이기 위해 노력하는 습관을 길러 주었다. 아름다움을 최고의 가치로 평가하는 김수근 선생의 직업 철학을 배우지 않았다면 보통의 사업가, 보통의 직장인으로 살아가는 삶에 그쳤을지도 모를 인생이다. 내 삶을 채워 간 성과물들은 일의 완성도를 높이기 위해 최선을 다하고, 일에 몰입하는 정신력, 맡은 일을 해결하기 위해 인내하고 집중하는 열정이 있었기에 가능한 일늘이었다.

6

내 안의 블루오션 찾기

본인이 잘할 수 있는 걸 스스로 찾아내는 것도 능력이다. 좋아하는 것과 잘할 수 있는 건 엄연히 다르다. 좋아하는 일만 해서 성공할 수 있다면 바랄 게 없겠으나, 세상은 그리 호락호락하지가 않다.

비즈니스 현장에서는 때때로 엉뚱한 곳에서 복덩이가 탄생한다. 중요하지는 않아도 구색으로 만들어 낸 물건이 아무도 모르게 회사의 효자 노릇을 하는 경우도 드물지 않다.

내가 바른손 영업부장으로 부임한 초기에 새로운 브랜드 '꼬마또래'가 탄생했다. 초등학생을 타깃으로 한 '꼬마또래'는 회사의 안일한 시장 대응으로 매출 부진에 허덕이던 중 우연히 찾아낸 팬시용품 업계의 틈새시장이라고 할 수 있다.

발견의 시작은 사무실 책상이 아닌 대리점 창고였다. 영업부장 부임 이후 내가 제일 먼저 한 일은 전국의 대리점을 순회하는 업무였다.

대리점 점주들은 햇빛도 못 본 물건들을 재고로 쌓아 놓은 채

한숨만 쉬고 있었다. 바른손 팬시용품은 중고교 여학생들이 주 고객이었으나, 어느 틈엔가 경쟁 업체에 치여 이 시장에서 밀려나고 있었다. 새로운 시장을 개척하든지 신제품을 개발하든지 본사 차원에서 특단의 조치를 마련해 줘야 할 때였다.

나는 전국 대리점 순회 결과를 바탕으로 각 대리점 회생 방안과 새로운 매출 계획을 안건으로 올리면서 대리점에 쌓여 있는 악성 재고를 반품 받아 주자고 제안했다. 임원진은 '우리가 대리점 사정까지 생각해 주면서 어떻게 영업을 하는가? 그렇게 영업하면 회사만 점점 더 어려워진다고' 냉정하게 선을 그었다. 한 마디로 '영업을 하러 간 놈이 남의 집 쌀독을 열어 보면 되겠는가. 제 주머니 열어 쌀 사서 채워 주면 그게 영업인가?'라는 말이었다.

그때마다 나는 '설사 쌀독을 채워 준들 뭐가 문제인가? 팔리는 물건을 채워 주는 게 영업이다. 대리점이 잘 돼야 회사가 잘 된다. 이러다가는 더 큰 위기가 닥친다.'라고 항변했으나 도무지 설득이 통하지 않았다.

그리고 전국의 대리점을 순회하면서 점검해 본 결과, 현장에서 드러난 문제점들은 심각한 수준이었다. 예를 들면, 재고는 쌓여 가는데 잘 팔리는 제품은 재고가 부족했다. 한 마디로 시급히 해결해야 할 문제는 우리 내부에 차고 넘쳤다. 상황이 그런데도 영업부는 디자이너 탓, 디자이너는 영업부 탓을 하느라 아까운 시간을 허비하기 일쑤였다. 그러는 동안 나는 몇몇 직원들을 데리고 현장으로 나갔다. 우리 회사 제품이 안 팔리는 이유를 현장에서 찾아야 했다.

현장 조사를 해보니, 시장에서 잘 팔리는 우리 회사 제품은 따로 있었다. 대부분 중고생보다는 초등학생들이 좋아할 만한 디자인 캐릭터 상품들이었다. 당시 회사에서는 초등학생용 제품을 생산하지 않고 있었는데, 중고생을 대상으로 한 제품이 초등학생 눈높이에 맞춰진 결과 시장의 흐름에 변동이 생긴 거였다.

우리 회사 제품 전시장에서 잘 팔리는 상품을 살펴보면서도 의문이 들었다.

'중고생이 저런 캐릭터 상품을 선호하나?'

'혹시 우리가 타깃 고객을 잘못 알고 있는 건 아닐까?'

내가 봐도 중고생들이 선호할 것 같지 않은 제품이 꾸준히 판매되고 있길래, 직원들과 대리점 사장들에게 물어보았지만 주 구매층이 누군지를 몰랐다. 그러다 우연히 초등학교 앞에 있는 문구점에서 주문이 심심찮게 들어온다는 이야기를 듣고는 확신이 생겼다. 우리 제품이 초등학생들 인기 품목으로 판매되고 있었던 것이다.

시장 조사를 하기로 결정하고 중고등학교와 초등학교로 팀을 나눠 남녀 학생들을 찾아다녔다. 가장 먼저 한 일은 학생들이 애용하는 학용품을 확인하는 작업이었다. 그래서 학생들의 책가방을 조사해서 사용하는 제품을 메모했다. 가방을 보여주는 학생들에게는 우리 회사에서 만든 상품을 한 보따리씩 선물로 주었다.

초등학생과 중고생은 물론 학원생들도 남녀를 구분해서 각각 최소 열 명 이상을 조사 대상으로 정했다. 볼펜, 노트, 다이어리, 필통은 어느 회사 제품을 쓰는지 일일이 확인해서 적도록 하고, 초등학생은 저학년과 고학년을 분류하도록 했다.

현장 조사 결과, 우리의 주 타깃인 고등학생들은 바른손 제품이 전체의 10%, 중학생은 20%, 제품을 거의 만들지 않는 초등학생 가방에서 나온 필통은 전체의 30%를 차지했다. 나머지는 다른 회사 제품이거나 수입품이 주를 이루었다. 확실히 시장 상황은 우리와 다르게 돌아가고 있었다.

나는 이 결과를 바탕으로 마케팅 회의를 소집했다. 회장을 필두로 주요 임원들, 각 부서 담당자들이 다 모였다.

"우리 회사 제품을 애용하는 주 고객은 누구라고 생각하십니까?"

예상했던 대로 중고생이라는 대답이 제일 많았다. 대학생과 일반인을 꼽기도 했으나 초등학생이라는 대답은 하나도 없었다.

"보십시오. 이것이 우리의 현실입니다."

나는 그 자리에서 시장 조사 결과를 보고했다. 우리 회사 브랜드가 알게 모르게 경쟁 업체에 밀려서 주 고객층이 중고생에서 초등학생으로 내려간 사실을 알고 적잖이 당황하는 모습들이었다.

며칠 후, 회의실 테이블에 교보문고에서 각 브랜드의 필통을 종류별로 구해서 모아 놓고 임원과 디자이너를 불렀다.

"이 중에서 꼭 하나만 고른다면 어떤 걸 사겠습니까?"

교보문고에서 사 온 필통을 종류별로 테이블에 펼쳐 놓았다.

그 중에는 우리 회사 제품도 섞여 있었다. 임원들이나 직원들이 집어 든 건 다른 회사 제품들이었다. 바로 앞에 우리 물건이 있어도 눈에 들어오지 않으니 차마 그게 더 좋다고 고르지 못하는 상황이 벌어진 것이다.

'우리가 잘 파는 제품은 초등학생 가방에서 나온다.'

이것이 내가 발견한 블루오션이었다. 팬시로 초등학생 시장을 공략할 생각은 누구도 하지 못하던 때였다.

나는 그 시장을 우리가 새로 만들기로 했다. 바른손 팬시용품이 처음 시장에 나와 중고생들을 확 잡았던 것처럼 지금이 바로 우리 안에 있는 초등학생 소비자를 대상으로 블루오션을 꽃피울 시기라고 판단했다.

대리점과 본사의 상생을 목적으로 시작한 '꼬마또래' 신시장 개척 프로젝트는 사방에서 반대 의견에 부닥쳤다. 회사는 막대한 개발 비용을 이유로, 직원들은 일이 많아진다는 이유로 반대했다. 또 대리점은 신규 브랜드가 생기면 한 지역에 두 개의 브랜드가 입점한 것이나 마찬가지라서 매출에 타격을 입을 게 뻔하다며 반발했다.

이래저래 나는 양쪽 모두에서 싫은 소리를 들었으나 '꼬마또래'는 바른손의 위기를 극복하는 데 결정적인 역할을 했다. 이때 출시한 초등학생용 팬시 제품은 국내시장에 성공적으로 안착하여 우리 회사 총매출의 60~70%를 차지했다.

나중에는(4~5년 후에는) 그렇게 반대하던 임원들도 '꼬마또래'가 없었으면 우리 회사가 더 큰 어려움에 빠졌을 것이라고 말했다.
시장은 피 말리는 두뇌 싸움의 현장이다. 치열한 경쟁에서 살아
남으려면 최소한 내 물건이 어디서 누구에게 팔리고 있는지는 파
악하고 있어야 한다. 시장에 나온 제품은 생산자가 책임을 져야
한다. 본사에서 대리점으로 보낸 제품이 안 팔려도 책임을 지지
않는 회사는 지속 가능할 수가 없다.

경쟁자는 매일 나온다. 매일 혁신하지 않으면 정상에서 떨어지
는 건 순식간이다. 혁신은 새로운 것을 찾아내는 직관에서 비롯
된다. 블루오션은 눈에 띄게 반짝거리지 않을 수도 있다. 얼핏 보
기에는 별것 아닌 것 같아도 쓰임새를 잘 찾으면 별처럼 빛나는
보석이 된다. 상품을 개발할 때는 철저히 소비자 입장에서 판단
해야 한다. 즉 소비자의 트렌드를 잘 읽어야 한다.

사람은 스스로 자신을 과대평가하거나 과소평가하는 경향이
있다. 본인이 가진 능력은 외면하고 지나치게 큰 목표를 잡기도
한다. 좋아하는 것과 잘하는 것을 혼동하기 때문이다. 사소한 재
능이라도 내가 잘할 수 있으면 그것이 가장 큰 나의 자산이다. 폼
나는 일만 하려고 들면 정작 중요한 기회를 놓칠 수도 있다.

좋아하는 일을 하고 싶다면 순서를 잠깐 바꿔 보는 것도 방법
이다. 일단 잘하는 일로 성공해야 좋아하는 일도 마음껏 할 수 있
다. 순서가 바뀐다고 인생을 그르치는 건 아니다.

7

주인이 될 것인가, 나그네가 될 것인가?

비즈니스 현장에서 프로와 아마추어의 차이를 가르는 건 주인의식이다. 주어진 일만 잘해서는 '프로'라고 할 수 없다. 회사 일을 내 사업으로 여기고 완벽을 추구할 때 최고의 결과를 끌어낼 수 있다.

일의 범위는 하나부터 열까지다. 주인은 사소한 것 하나라도 소홀히 여기지 않는 법이다. 다소 고리타분한 얘기 같아도 물품 한 가지를 쓰는 습성만 봐도 그 사람이 주인인지 나그네인지 구분할 수 있다.

나는 ㈜바른손팬시 문화부장으로 시작하여 총무부장, 생산부장, 영업부장, 관리이사 겸 사옥 신축 본부장, 대표이사까지 회사의 요직을 두루 거치는 동안 내 열정을 아낌없이 쏟았다. 회사가 어려울 때는 본의 아니게 구원투수 역할을 했고, 인수합병 과정에서는 온갖 험한 말을 들어야 했지만 단 한 번도 내게 지워진 짐을 마다한 적이 없었다. 회사는 나 자신의 일부였기 때문이다. 해결이 안 되는 일에 부딪히면 더욱 집중하고 인내했다.

바른손 관리이사로 재직할 때의 일이다. 직원들이 퇴근하고 나면 빈 사무실에 불이 켜져 있는 때가 많았다. 다들 바쁘게 일하다 보면 누가 언제 다시 사무실에 들어올지 몰라 불을 켜 두거나, 맨 나중에 나가는 사람이 소등을 깜빡 잊고 사무실을 나가기도 한다.

어릴 때부터 부모님의 영향으로 절약하는 습성이 몸에 익은 나는 물건을 함부로 쓰거나 낭비하는 것만큼은 그냥 지나치지 못한다. 그런 이유로 매일 저녁 퇴근하면서 빈 사무실의 켜진 불을 끌 겸 바구니를 들고 8층부터 맨 아래층까지 훑고 다녔다. 그렇게 사무실을 돌다 보면, 직원들 책상 위에는 똑같은 문구류가 넘쳐났다. 필기구가 두 개 이상 있으면 하나는 거둬서 별도의 보관함에 넣어 두었다. 그렇게 보관했다가 직원들이 사무용품을 신청하면 나눠 주곤 했다. 아마도 알게 모르게 뒤에서 불평하는 직원들이 많았을 것이다.

회사에서는 해마다 밸런타인데이와 화이트데이에 남녀 직원들이 제비뽑기로 선물을 교환하는 이벤트가 있었다. 밸런타인데이에는 여직원들이 초콜릿을 선물할 남자 직원을 제비뽑기로 정하고, 화이트데이 때는 그 남자 직원이 자신에게 초콜릿을 선물한 여직원에게 캔디를 선물하는 이벤트였다.

하루는 여직원회 회장이 이런 말을 했다.

"다 뽑고 몇 장 남는 것 중에 이사님 이름이 항상 남기에 여직원들한테 가져가라니까 안 가져간답니다. 그래서 할 수 없이 제가 갖고 왔어요. 자기관리 좀 잘하세요."

여직원들이 제비뽑기를 해서 이름을 확인하고는 기피 인물이면 도로 집어넣은 것 중에 내가 있었다면서 웃는다. 오랜 기간 같이 일하면서 어느 정도 내 성격을 파악한 여직원회 회장이 격의 없이 건넨 농담이었다.

한 번은 직원들끼리 이런 말을 했다고 한다.

"함 부장에게 결재를 받으려면 복안을 서너 개는 들고 가야 해. 계속 질문이 들어오거든."

특히 영업부장 시절의 나는 부하직원들에게 원성의 대상이었다. 그때 회사는 경영난에 허덕이고 있었다. 누구도 선뜻 영업부를 맡으려는 사람이 없어 외부에서 영업 전문가를 스카우트하려다 여의치 않게 되자, 경영진이 나를 그 자리에 앉혔다. 어느 회사든 영업부는 업무 특성상 매출에 대한 스트레스가 많은 부서다. 그런 부서에서 대충이라는 말이 통하지 않는 나와 함께 일했던 영업 직원들의 마음고생이 크지 않았을까 싶다.

내가 바른손을 퇴사하고 몇 년이 지난 후, 회사에 재직하는 직원을 오랜만에 만났다. 내가 퇴사하기 전에 과장이었던 그는 영업이사가 되어 있었다. 그는 회사 경영이 점점 어려워진다는 소식을 전하며 뜻밖의 이야기를 꺼냈다.

"새 오너가 부서장들과 이사들을 모아 놓고 전직 임원들 중에서 회사 대표를 맡아 지금의 위기 상황을 헤쳐 나갈 수 있는 사람을 추천하라고 하더군요. 그때 함 사장님을 다시 영입하자는 의견이 가장 많았습니다."

처음에는 그저 덕담 삼아 건네는 말이려니 했다. 그런데 이야기가 묘한 방향으로 흘렀다.

그 회의에 참석한 사람들은 내가 부장이었을 때 과장으로, 사장이었을 때 이사로 근무한 인연으로 나에 대해서는 누구보다도 잘 아는 직원들이었다. 내게 이야기를 전해준 영업이사는 그들을 따로 모아 놓고 먼저 자신의 의견을 밝혔다고 한다. 요약하자면 대충 이런 내용이다.

'함 사장이 오면 나는 자신 없다. 그가 와서 회사는 살아날지 몰라도 그 깐깐한 성격 맞추려면 우리가 너무 힘들 거 같다. 당신들도 솔직한 심정을 얘기해 봐라.'

막상 물꼬가 터지니 잠자코 있던 사람들도 불편한 속내를 드러냈다면서 덧붙이는 말에 그의 본심이 들어 있었다.

"사장님도 참, 어차피 다 같은 직장생활인데 대충 넘어가면 될 걸 왜 그러고 사셨어요. 매사를 너무 완벽하게 하려고 하시니 직원들이 배겨나겠어요?"

솔직히 나도 가끔은 내가 왜 이러고 사는지 갑갑할 때가 있었다. 웬만하면 설렁설렁 넘어갈 줄도 알고, 직원들이 듣기 좋은 소리나 하고 지냈으면 인기 있는 상사 축에 들었을지도 모른다. 그러나 내 사전에 '대충'이라는 말은 없는 걸 어쩌겠는가.

무슨 일이든 과정이 올바르지 않으면 결과가 좋을 수 없다. 관리자가 사소한 것부터 확실히 짚고 넘어가지 않으면 반드시 뒤탈

이 생기는 법이다. 나는 스스로 부끄럽지 않기 위해 일의 완성도를 추구해 왔다. 동료와 부하직원, 윗사람의 좋은 평판을 염두에 두었다면 해낼 수 있는 일이 아무것도 없었다.

나는 내 회사 일이든 남의 회사 일이든 업무에 몰두할 때만큼은 온전히 그 일의 주인이 된다. 내가 만족하지 못하면 그 일은 항상 미결로 남는다. 그래서였는지 몰라도, 관리자로서 내가 운영하는 방향으로 잘 맞춰 가는 직원은 능력이 크게 향상되어 더 좋은 회사로 전직하거나, 독립해서 자기 사업도 잘 해나갔다. 그런데 내가 운영하는 방향으로 잘 쫓아오지 못하는 직원들은 강하게 몰아붙이며 단숨에 끌어올리려고 했다. 그러다 보니, 그들 마음에 상처를 주기도 했다. 지금에 와서 생각해 보면, 능력이 조금 부족한 직원들을 채근하기 보다는 차근차근 끌어올려 주었다면 어땠을까 하는 아쉬움과 후회가 남는다.

선택 : 멘토의 부름을 받다

2장

PROJECT COORDINATOR

1

나를 이끌어 줄 멘토는 누구일까?

다른 나라로 이민을 갈 때, 공항에 마중을 나온 사람이 세탁소를 운영하면 그 사람도 세탁소에서 이민 생활을 시작하고, 식당을 운영하는 사람이면 그 사람도 식당을 차린다는 말이 있다. 누군가에게 조언을 구할 때는 자신이 필요로 하는 것을 정확히 알고 조언해 줄 수 있는 사람을 찾아가야 한다. 예컨대 '이 일로 밥은 먹고 산다.'라고 말하는 사람의 기준이나 기대치는 내가 생각하는 수준과 전혀 다를 수도 있기 때문이다.

전문가를 벤치마킹할 때는 상대방의 수준을 알아보는 안목이 있어야 한다. 사람들은 종종 자신이 아는 만큼만 보고 매사를 판단하는 경향이 있기 때문이다. 본인의 일이 아니라면 더욱 그렇다. 예를 들어 어떤 분야의 전문가를 소개해 달라고 했을 때, 별 고민 없이 자기 주변에서 대충 비슷한 일에 종사하는 사람을 내세우기도 한다. 그 결과 낭패를 보는 경우도 다반사다. 왜냐하면 내가 원하는 전문가의 수준과 소개해 주는 사람이 생각하는 수준이 처음부터 다를 수도 있기 때문이다.

그렇다면 어떻게 해야 실력 있는 전문가를 찾을 수 있을까? 실력 있는 전문가를 찾아내는 가장 확실한 방법은 현장에서 활동하는 모습을 직접 확인해 보고, 그 업계에서 최고의 전문가를 선택하는 것이다.

누군가로부터 전문가를 소개받을 때는 소개해 주는 사람이 내 일을 잘 알아야 하고, 그 업계에서 성공한 사람을 소개받는 것이 최상이다. 전문가를 소개받은 후에는 그 사람이 진짜 전문가인지, 그리고 나에게 진심인지를 확인하기 위해서는 자신도 그 사람에게 진심으로 다가서야 한다. 자기 속은 드러내지 않고 필요한 것만 취하려고 하면, 상대방도 성의 없이 건성건성 자문만 하고 소개도 대충 한다. 그래서 물건을 살 때 잘 모르면 비싼 것이나, 브랜드 제품을 사라고 권한다.

최고의 전문가에게는 그에 걸맞은 경제적 대가를 치러야 한다. 면접과 대화, 오디션으로 재목을 찾아내는 안목은 경영 전문가가 갖추어야 할 제일의 덕목이다. 그런 안목과 덕목을 갖추는 데에는 독서와 학습이 도움은 된다. 하지만 그보다 더 중요한 것은 전문가와 함께 기획부터 마무리까지 작업하면서 일의 완성도를 높이기 위한 일련의 과정을 배워야 한다는 점이다. 즉 자신의 역량을 키워 줄 멘토로부터 배우는 시간은 반드시 필요하다.

어떤 일이든 사업이든, 최고의 전문가와 함께할 때 최고의 작품을 만들어 낼 수 있다. 나의 경우는, 대학 시절에 전문가들과 함께했던 연극 공연, 명사 초청 강연회를 기획하고 추진하면서 내면의 지적 역량을 크게 성장시킬 수 있었다.

세계적인 동기 부여 전문가 지그 지글러 박사는 이렇게 말했다.

"시도해 보기 전에는 자신이 어느 일에 재능이 있는지, 혹은 성공할 수 있는지 아무도 알지 못한다."

나를 변방에서 중심으로 이끌어 줄 전문가는 이미 성공한 사람이라서 너무 멀리, 너무 높은 곳에 있다고 생각할 필요는 없다. 내가 하고 싶은 일을 가장 잘하는 사람이 바로 나를 이끌어 줄 전문가다. 그가 살아 있는 한 찾아갈 기회는 얼마든지 있다. 최고의 전문가와 함께 일하는 방식의 장점은 수준 높은 네트워킹이 가능하다는 점이다. 전문가는 다양한 전문가와 연결된다. 전문가 한 사람과 긴밀한 관계를 형성하게 되면, 그가 속한 그룹 안의 유능한 전문가들과 함께 일할 수 있는 협업의 기회를 얻을 수 있다.

나에게는 건축가 김수근 선생을 축으로 연결된 공간건축 사무소의 장세양, 승효상, 이종호 등의 건축가들이 가장 매력적인 전문가 그룹이었다. 더 나아가 그분들 각자의 네트워크로 연결된 또 다른 전문가 그룹은 나에게 더 넓은 연결고리가 되어 주었다.

2

서두르지 말고 천천히 가라

한국의집 콩댐 시공을 계기로 우리나라 전통 건축과 한옥의 매력에 흠뻑 빠진 나에게 하루는 현장소장이 귀가 번쩍 뜨이는 이야기를 해주었다.

"여기 대목수가 무형문화재급인데, 한국의 고건축에서는 독보적인 존재랍니다."

깐깐하기로 정평이 난 김수근 선생이 감리를 맡은 현장에 아무나 들일 리가 없었다. 대목수는 나보다 연배가 30년이나 높은 어르신이었다. 나는 도장공사를 맡은 회사 대표라고 밝힌 후, 대선배님에게 조언도 들을 겸 해서 점심 식사를 대접하고 싶다는 뜻을 전했다.

"나와는 전혀 다른 분야인데, 목수 일을 한다면 몰라도 내가 뭘 가르칠 게 있나."

어르신은 다소 겸연쩍은 웃음을 지어 보이며 선선히 초대에 응해 주셨다. 한국의집 시공은 대목수 소관이었다. 그날 나는 한옥 대목수로 잔뼈가 굵은 어르신과 식사를 함께하며 많은 이야기를 나누었다.

"선생님, 이제부터 특별한 일 없으시면 점심 식사는 저와 함께 하시죠."

"그럴까? 그러면 나는 좋지만, 자네가 배울 건 없는데….."

백전노장의 눈에는 한참 어린 후배가 시간 가는 줄 모르고 궁금증을 쏟아내는 게 대견해 보였는지, 내 제안을 흔쾌히 받아들여 주셨다. 이때부터 공사 기간 내내 어르신에게 점심 식사를 대접하며 콩댐과 목공에 대해 궁금한 점이나 모르는 게 있으면 여쭤 보곤 했다. 특히 목재의 종류와 성질에 대해서 물어보기도 했는데, 어르신은 자신이 고른 목재가 5년 또는 10년 후에 어떻게 바뀔지는 아직도 잘 모르겠다고 말씀하시며 목재 다루는 일의 어려움을 토로하셨다.

그런데 한 가지 이상한 점이 있었다. 대목수치고는 일의 진행 속도가 너무 더디다는 생각이 들었기 때문이다. 새참 먹을 시간에 붙잡고 있던 일을 점심 먹을 때도 붙잡고 있는데, 내가 보기에는 아주 간단한 일이었다. 처음에는 내가 뭘 잘못 본 것이려니 했다. 그런데 분명 똑같은 작업이었다. 건축 현장에서는 일이 더딘 사람에게 이런 말을 한다.

'아예 끌로 파라.'

무형문화재급의 대목수가 지금 그런 모습을 보여주고 있었다. 여러 번 식사를 함께하면서 허심탄회하게 이야기를 나눌 정도로 가까워지기는 했으나, 나에게는 하늘같은 대선배였다. 일과 관련해서 내가 부정적인 평을 하는 건 대개 두 가지 경우다. 상대방과 그런 말을 주고받을 만큼 가까워졌거나 혹은 꼭 듣고 싶은 말이 있을 때다.

그에게 다가가서 넌지시 물었다.

"선생님은 일당을 다른 목수의 세 배 이상 받으시면서 일은 오분의 일밖에 안 하시네요?"

일이 느리다는 걸 우회적으로 꼬집어 말하자, 어르신은 빙그레 미소를 지어 보이며 말을 이었다.

"끌로 판다, 이 말이군. 일이 늦다는 말이지? 그런데 말이지, 천천히 하는 것도 실력이야. 아무나 그렇게 못해."

일을 천천히 하는 게 실력이라니?

어르신은 그 이유를 다음과 같이 설명했다.

"끌로 조금씩 파 가면서 나무의 결이나 견고함의 정도를 느끼면서 천천히, 차근차근, 세밀하게 맞춰 가면서 일해야 실수가 없지. 한 번 잘못 파면 목재 전체를 버려야 되거든. 처음부터 빨리 파면 반드시 실수가 나오게 된단 말이지."

무턱대고 일만 빨리하려고 들다 보면 큰 손해를 보게 된다는 의미였다.

'이런 차이가 무형문화재를 만들고, 장인과 대목수를 만드는구나!'

오랜 경험과 연륜에서 터득한 어르신의 말은 내게 큰 깨달음으로 다가왔다.

초등학교 시절, 우리 집과 학교 중간쯤에 비석 만드는 작업장이 있었다. 등하굣길에 그 작업장을 지나가야만 했는데, 밖에서도 석공이 일하는 광경을 볼 수 있었다. 나는 학교를 오가는 길에 석공이 작업하는 모습을 보는 날이면, 으레 걸음을 멈추곤 했다. 비문에 들어갈 한자를 정으로 한 땀 한 땀 파내는 석공의 모습이 어린 눈에도 참 보기 좋았다.

돌의 표면을 조금씩, 조금씩 파면서 글자가 만들어지는 장면을 하도 유심히 보느라 종종 학교에 지각하거나 집에 늦게 돌아올 때도 있었다. 돌이켜보면, 그때 나를 매료시켰던 건 어느 한 가지 일에 '집중'하고 '몰입'하는 사람의 아름다운 열정이었다. 대목수 어르신의 이야기를 듣고 문득 그 석공을 떠올렸다.

일반 목수와 장인 대목수의 차이점은 일에 임하는 그 마음가짐부터가 다르다는 걸 느꼈다. 이 목재가 세워져서 10년 20년 후에 결이 어떻게 될 건지를 생각하면서 연결 부분을 맞추는 작업, 작은 오차라도 남기지 않으려고 혼신의 열정을 쏟는 노력, 더 이상의 최선이 있을 수 없을 정도로 시종일관 긴장을 늦추지 않는 몸짓. 결국 이런 과정들이 완성도를 끌어올려 최고의 결과물을 만들어 내는 것이리라.

이후로도 나는 대목수 어르신에게 많은 것을 배웠다. 그분은 오랜 경륜을 지닌 한옥의 명장답게 집 짓는 재료에서부터 건축 기술까지 모르는 게 없는 전문가 중의 전문가였다. 그분은 여러 가지 다양한 목재의 속성과 건축 과정에서 일어날 수 있는 돌발

변수에 관한 지식을 내게 깨우쳐 주신 분이기도 하다.

대목수 어른과 함께 일한 이후로 나에게는 10년, 20년 후를 생각해 보는 버릇이 생겼다.

내가 만든 건축물이 10년, 20년 후에도 지속 가능할까?

10년, 20년 후에 사람들은 어떻게 생각할까?

이 버릇 때문에, 내가 하는 일에 조금 더 완벽함을 추구하게 되고, 그러다 보니 어려움이 많았다. 주변 사람들로부터 싫은 소리도 많이 들었고, 나도 모르는 사이에 기피 인물(원칙주의자라서 함께 일하기에 피곤한 사람)이 되어 있곤 했다.

이 즈음 나는 권투 선수 출신의 일본 건축가 안도 다다오의 건축물에 관심을 갖게 되었고, 일본으로 건너가 그가 설계한 건축물을 눈여겨 살펴보기도 했다. 나는 그가 설계한 건축물에서 섬세하고 완벽한 디테일과 완성도 높은 일본의 건축을 발견할 수 있었다. 나는 이러한 경험들을 통해서 내가 추구하는 완성도의 기준을 업그레이드하기 위해 계속 담금질해 나갔다.

3

내 인생의 멘토를 만나다

김수근 선생과는 '한국의집' 공사가 끝난 뒤 한동안 대면할 기회가 없었다. 뵙고 싶은 마음은 굴뚝같았지만 다가갈 명분이 없었다. 가끔 공간건축 사옥에 사업상 일이 있어 갔다가 먼발치로 인사를 드린 적은 있었다. 춘천 집짓기 공사를 계기로 공간건축연구소 소장들과 친해지기는 했어도 김수근 선생은 여전히 나에게는 가깝고도 먼 존재였다.

그러던 어느 날, 공간건축 관리부장이 내게 전화를 걸어 왔다.

"한국의집 콩댐 공사를 진행하신 분 맞습니까?"

"네, 제가 그 일을 했습니다."

"김수근 선생님께서 찾으시는데, 지금 이쪽으로 들어오실 수 있는지요?"

나는 그 즉시 안국동 공간연구소로 달려갔다. 관리부장은 김수근 선생 지시로 어렵게 수소문해서 연락처를 알아냈다며 나를 부른 이유를 설명했다. 마침 그 시기에 공간사옥 내부 도장공사가 진행 중이었는데, 김수근 선생이 한국의집 콩댐을 시공한 회사에 일을 맡기도록 지시했다는 것이다.

'나를 기억하고 계셨구나.'

나를 어떻게 찾았느냐고 물었더니, 한국의집에 연락해서 건축시공한 삼환기업을 알아냈고, 삼환기업 현장소장을 통해서 내 연락처를 받았다고 했다. 참으로 고마웠다. 콩댐 공사를 시작하면서 처음으로 선생의 호출을 받던 날보다 곱절은 가슴이 뛰었다. 그리고 공사를 시작하면서 김수근 선생을 만났을 때는 나를 기억하시고 불러 주신 것도 감격스러운데, 나를 보시더니 반갑게 환영해 주셨다.

"어이! 잘 지냈는가?"

인사를 드리러 갔더니 반갑게 껴안아 주시면서 특유의 호탕한 웃음을 지었다. 김수근 선생은 허그를 잘 하셨다. 돌아서면 금세 잊어버리는 것도 선생의 특기였지만, 매번 만날 때마다 허그로 친밀감을 표현하는 다정다감한 행동은 한순간에 경계를 허물어뜨리는 매력이 있었다.

열흘 남짓 도장공사를 진행하면서 가장 좋았던 건, 거의 매일 김수근 선생을 볼 수 있었다는 점이다. 공간사옥에 애착이 강했던 선생은 내가 작업하는 모습을 유심히 지켜보시다가 간혹 말을 걸어오기도 했다.

"공사는 잘 되고 있나?"

"사업은 잘 돼?"

대개는 간단한 질문 정도였으나 마음속 스승이 한 마디 말을 걸어 줄 때마다 내게는 큰 동기 부여가 되었다. 도장공사를 잘해서 스승에게 인정받고, 더 나아가서는 설계자와 시공자로서 선생과 함께 일할 수 있는 그런 날을 고대하며 더욱 분발했다.

그러던 어느 날이었다.

"함 대표는 건축 일을 해보는 게 어때?"

선생의 진지한 물음에 솔직하게 내 마음을 열어 보일 용기가 생겼다.

"해보고는 싶은데, 건축을 전공하지 않았고 경험도 부족합니다."

그러자 선생이 쾌활한 어조로 내 말을 받았다.

"자네가 내게 말했던 것처럼, 처음부터 잘하는 사람이 어디 있나? 기술은 배워 가면서 키워 가는 거지. 걱정하지 마."

첫 대면에서 내가 겁도 없이 따지고 들었던 말을 기억하시고 해주시는 말씀이었다. 민망함에 얼굴이 화끈거렸으나 다시 한번 용기를 냈다.

"선생님. 실은 제가 많이 부족하지만, 건축에 꿈이 있습니다. 기회가 되면 선생님께 일을 배우고 싶습니다."

"오케이! 내가 잘 가르쳐 줄 테니까, 걱정하지 말고 함께 해보자고."

격려와 더불어 내 등을 두드려 주시는 자상한 몸짓에 비로소 속이 확 트이는 기분이었다. 드디어 나에게도 최고의 전문가와 함께 일할 기회가 찾아온 것이었다.

김수근 선생이 일하는 방식은 설계자로서 상황을 종합하고 확인하는 것에서부터 시작되었다. 예를 들어 큰 기둥과 문짝 만드는 작업의 경우, 선생은 시공 담당자에게 몇 가지 기본적인 질문을 던진다.

"5년 후, 10년 후, 이 나무는 어떻게 되지?"

"비틀리면 어떻게 되나? 책임질 수 있나?"

질문에 제대로 대답을 못 하면 그대로 아웃이다. 이미 선생의 작업 방식을 관찰하며 어느 정도 성향을 파악할 수 있었던 나는 예상 질문에 대한 답을 갖고 있었다. 한국의집 대목수 어르신과 공간건축 소장들을 비롯한 다방면의 전문가들에게 물어보고 확인하기를 거듭한 결과였다.

"왜, 그 나무를 쓰지?"

"나무가 조금 무르기는 해도 오랜 기간 변형이 없어서 씁니다. 구조재가 아니어서 조금 물러도 관계없고요."

질문에 올바른 대답이 나오면, 선생은 그 호탕한 웃음소리와 함께 칭찬의 말을 쏟아내곤 했다.

"오케이! 수고했어, 함 대표. 생각을 많이 하고 결정하였군. 최고!"

인부들과 식사하라고 지갑에서 십만 원짜리 수표를 꺼내 주는 날은 공사가 매우 흡족하다는 뜻이다. 그런 날은 내가 무슨 큰 상이라도 받은 것처럼 기분이 들떠 오르곤 했다. 나는 선생의 칭찬을 받기 위해서 더 고민하고, 더 열심히 최선을 다했다.

내가 공간건축의 장대양 소장, 이종호 교수와 인연을 맺고 강원대 이영철 총장의 춘천 운교동 자택, 강촌휴게소 등을 짓던 무렵은 건축을 공부하던 시기였다고 할 수 있다. 그러한 배움의 시간을 거쳐 김수근 선생과 함께 한국의집과 박고석 화백의 명륜동 자택 공사를 진행하면서 완성도 높은 건축물을 만들어 낼 수 있었다. 내 인생에서 김수근 선생과 함께했던 시간은 가장 소중하고 아름다운 추억으로 남아 있다.

4

원칙과 자존심 사이에서

산(山)의 화가 박고석 화백은 김수근 선생과 처남 매부지간이다. 미술평론가 오광수가 "그의 산은 단순히 바라보이는 것이 아니라 가슴으로 온다."라고 극찬한 박 화백의 그림을 보고 있노라면, 내면으로부터 끓어 넘치는 격정의 한 장면을 마주하고 있는 듯하다.

서양화가 이중섭의 절친한 벗이었던 그가 화장장(火葬場)에서 읊었다는 조사는 너무나 유명하다.

"임종이 외롭다기보다, 살림살이가 고달프다기보다, 사람들이 야속하다기보다, 자네는 자네만 아름답게 살았고, 좋은 그림을 남기고 가면 그만이라는 그 배짱은 도대체 어디서 생겨난 것인가? 너만이 착하고 아름답고, 너만이 좋은 그림을 그리고 간 것이 우리들에게 무슨 소용이 있단 말이냐? 너같이 너만이 깨끗하고 아름답게 살려는 놈은 죽어야 마땅해."

박고석이 '산의 화가'라면 이중섭은 '은박지 화가'로 많이 알려졌다. 한국전쟁의 와중에 가족과 생이별한 이중섭은 결국 가난 때문에 죽었다. 젊은 나이에 요절한 친구가 얼마나 애달팠으면 이리도 절절한 추도사를 남겼을까.

내가 아는 박 화백은 말수가 거의 없는 분이었다. 1960년대 후반까지 공간사랑 건물 안에 박 화백의 작업실이 있었다고 하는데, 내가 박 화백을 처음 만난 건 1983년 명륜동에 살림집을 겸한 아틀리에, 일명 '고석공간' 시공을 맡았을 때였다. 한국 현대 건축사에 걸작으로 남은 이 독특한 건축물의 시공을 내가 맡게 된 건 설계 및 감리자인 김수근 선생의 배려 덕분이었다. 그리고 나에게는 김수근 선생 작품을 함께 시공하는 첫 작품이었으며, 건축가로서의 꿈을 이루기 위한 첫걸음이었다.

공간사옥 도장공사가 끝나고 몇 달이 지난 후, 공간건축 관리부장으로부터 연락이 왔다.

"김수근 선생이 누님 댁 공사를 하시는데, 함 대표가 해보지 않겠습니까?"

나는 무조건 할 테니, 꼭 할 수 있도록 해 달라고 부탁했다. 본격적인 협업의 기회가 왔다는 것만으로도 나는 더할 나위 없이 기뻤다.

고석공간 시공은 1년 정도 걸렸다. 보통 6개월을 예상했으나 지상 2층, 지하 1.5층에 화실, 창고, 살림집에 주차장까지 딸린 80평 규모의 복합 건축물로 설계된 구조어서 작업 공정이 매우 까다로

웠다. 게다가 시공 현장은 명륜동 좁은 골목길을 끼고 있었고, 입구의 높이와 반대쪽 끝의 높이가 여섯 배 이상 차이가 나는 골목 경사지였다. 앞쪽은 1층 현관이지만, 반대쪽 지하 2층 아래 주차장은 1층이 될 정도로 경사진 현장이어서 어려움이 많았다.

툇마루를 깐 전통 사랑방을 구현하고, 기도실과 서재, 명상실, 스튜디오와 사무실까지 겸비한 건축물은 가족의 생애주기에 따른 설계로 이루어졌다. 전기, 설계, 냉난방, 설비 등의 공사를 담당한 책임자가 따로 있었고, 김수근 선생의 먼 친척인 관리부장이 공사 감독을 맡았다. 내가 명륜동 고석공간을 시공하게 된 데는 공사 운영을 맡은 공간연구소 관리부장님의 배려와 역할이 컸다.

김수근 선생이 한창 바쁠 때여서 현장 작업은 큰 틀에서만 선생의 지시를 따르고, 대부분의 일은 설계 도면에 따라서 표상권 소장이 도면 설명과 공사 시공을 감리하는 방식으로 진행되었다. 일단 시공감리 감독관 4~5명이 매일 다녀가고 계획 견학을 오는 분들도 많았다.

'고석공간'의 기본 골조는 콘크리트 건물이지만, 콘크리트 위에 목재로 마감하였기 때문에 외부에서 볼 때는 목재 건물이었다. 전통 한옥은 아니지만, 내부와 외부를 목재로 마감하고, 창호와 출입문 모두 목재를 사용한 현대식 목재 건물인 셈이다.

목재 건물을 지을 때는 목재를 잘 선택해야 하기에, 한국의집 공사에서 도목수로 일했던 분을 찾아가 도면을 보면서 의논했다. 그런데 우리나라 육송은 잘 켜서 5~10년 정도 그늘에 말린 목재를 사용해야 한다. 하지만 그런 목재는 문화재 공사에 주로 사용하기 때문에 목재가 귀하고, 값이 워낙 비싸서 구하기가 어렵다. 그래서 대안으로 수입 목재를 사용할 수 있는데, 주로 배를 건조하는 데 쓰이는 삼나무(스기)를 사용한다. 삼나무는 물에 강하고 변형은 없지만, 강도가 약하다고 한다.

결국 우리나라에 수입된 목재 중에서 원목을 자른 지 5년 정도 된 수입 목재를 사용하는 것으로 결정했다. 수입 원목을 구입해서 내부에 쓸 목재와 외부에 쓸 목재로 재제한 후, 창호와 문살 등 용도별로 분류했다. 그런 다음에는 바람이 잘 통하는 그늘에서 6개월 정도 말리는 과정을 거쳐야 했다. 기초 공사를 시작하기 전에 목재 선별 작업부터 시작한 셈이었다.

건물 외관은 물론 현관문, 거실 창에 격자무늬 미닫이를 설치한 '고석공간'은 방문과 창문, 가구까지 전부 스기목(삼나무 미송)으로 맞춰 통일감을 살렸다. 이를 위해 수입 원목을 통째로 사 와서 재제하여 사용했다.

그러던 어느 날, 사모님이 언성을 높이는 상황이 벌어졌다. 사각형으로 된 콘크리트 기둥을 목재로 싸는 공사를 마쳤을 때였다. 통상적으로 이런 경우에는 밑을 떠받치는 나무는 기둥보다 10센티미터 정도 짧게 자르도록 작업 지시를 내린다. 현장에서는 '신발을 신긴다'고 한다. 나는 그 10센티미터 부분에 동판을 두르도록 지시했다. 눈과 비에 나무가 썩지 않도록 예방하기 위한 기본적인 조치였으나, 설계 도면에는 없는 내용이었다.

의상디자이너로도 활동하셨던 사모님의 미적 감각에는 통나무가 덜렁 매달려 있는 모습이 기이하게 보였던 모양이다. 공교롭게도 내가 현장에 없을 때 사달이 났다. 밖에서 중요한 업무를 보고 있는데, 도목수로부터 연락이 왔다.

"난리 났어요. 빨리 들어오셔야 할 거 같습니다."

"왜요?"

"사모님이 화가 많이 나셨어요. 기둥의 끝을 바짝 자르면 무슨 힘으로 버티느냐고 역정을 내시는데, 뭐라고 말씀드려야 할지…. 문제없다고 설명해도 막무가내입니다."

도목수는 잔뜩 주눅이 들어 있었다. 자세한 이유를 몰랐으니 당연한 일이다. 공간건축 관리부장도 그것까지는 알지 못했기 때문에 전화기에 불이 날 지경이었다.

하지만 나는 김수근 선생의 작업 지시를 그대로 따랐을 뿐이었다. 구태여 일하는 도중에 쫓아가서 설명할 필요까지는 못 느꼈지만, 상황은 점점 심각해졌다. 급기야 사모님이 일본 출장 중인 김수근 선생에게 연락해서 당장 들어오라고 했다는 말을 전해 듣고는 부랴부랴 현장으로 달려갔다.

그런다고 달라지는 건 없었다. 설계도에 없는 '신발'의 의미를 어떻게든 설명하려 했지만, 사모님을 이해시키는 데는 역부족이었다. 김수근 선생이 아니고는 누구 말도 귀담아듣지 않으려고 하시는 통에 공간건축에도 비상이 걸렸다.

이틀 후, 김수근 선생은 제주도 행사에 참석할 예정이었다. 사모님은 선생이 제주도로 가기 전에 집으로 모셔오도록 공항에 차를 보냈다.

"기둥에 목재를 제대로 붙였군."

제주도 출발 시간까지 늦추고 명륜동부터 들른 김수근 선생의 첫 마디였다.

"어이, 함 대표! 잘했어. 멋지네! 발목도 보기 좋게 잘 잘랐구먼. 이제 발목에 동판으로 신발만 잘 신기면 되겠군."

옆에 있던 사모님은 선생이 내게 공치사를 하는 말을 듣고는 고개를 갸우뚱했다.

"이걸 이렇게 자르는 게 맞아?"

"어! 아주 잘 잘랐어. 여기에다 물이 튀지 말라고 동판으로 신발을 신기지. 잘 됐군!"

이로써 상황은 싱겁게 마무리되었다. 이틀 동안 집안이 발칵 뒤집혔던 게 맞나 싶을 만큼 분위기는 급반전을 이루었다. 김수근 선생은 공사 현장을 꼼꼼하게 다 둘러보시고는 예의 금일봉을 꺼내 도목수에게 건네는 것도 잊지 않았다.

"술 한잔들 하시고, 계속 수고하시게."

그러고는 다시 제주도에 회의가 있다고 말하며 대문을 나서는 모습이 호방하기 이를 데 없었다.

천하에 거칠 게 없는 자유로운 영혼의 소유자.

그날 내가 본 선생의 뒷모습이 그랬다.

현장의 목재는 나와 도목수가 의논해서 결정했다. 스기목을 쓸때는 투명 아마인유를 바른다. 그러면 똑같은 나무라도 20~30가지 다양한 색깔이 나온다. 나무의 색이 조금 밝고 어두운 차이는 아마인유를 섞는 농도에 따라서 달라진다. 색깔은 김수근 선생이 결정했다. 아마인유를 수십 번 다르게 칠해 가며 차이를 비교한 후에야 최종 색상이 정해졌다.

그런데 일반인이 보기에는 아주 미세한 차이에 불과한 색깔이 처남 매부 간에 자존심 싸움을 불러올 줄을 누가 알았겠는가.

마감 칠공사를 막 시작하려던 참에 박고석 화백이 물었다.

"이 목재 색깔은 누가 결정했나?"

김수근 선생이 결정한 색이라고 답하자, 박 화백은 단호하게 고개를 저었다.

"건축은 설계자가 결정해도 색은 그러는 게 아니지. 여기 집주인이고 화가인 내가 색을 결정하는 게 맞지 않겠나?"

그러면서 다른 색을 제시했다. 하필 김수근 선생은 연락도 안되는 터라 나로서도 난감한 상황이 아닐 수 없었다. 작업 지시를다시 받아야 하니 조금만 기다려 달라고 정중하게 양해를 구했다.

"내 집에 칠할 색깔을 내가 결정하면 되지. 누구 지시가 필요한가?"

반문하는 어조에 언짢은 심기가 물씬 묻어났다. 워낙 조용한양반이라 이런 대화를 나눠 본 것도 처음이었다. 홍익대 미대 교수이며, 국전 자문위원까지 역임한 박 화백으로서는 그럴 수도 있겠다는 생각이 들었다. 그렇다고 설계자 허락도 없이 색깔을 바꿔 칠할 수는 없는 노릇이었다.

김수근 선생이 현장에 온 건 그로부터 한참 시간이 지난 후, 공교롭게도 박 화백이 자리에 없을 때였다.

나는 박 화백의 이야기를 그대로 전하고 조심스럽게 선생의 의중을 물었더니, 대뜸 내게 반문하셨다.

"자네는 어떻게 생각하는가?"

"원칙만 정해 주십시오. 박 교수님은 집주인이고 유명한 화가시니, 그 말씀도 맞는 것 같습니다만…."

"맞긴 뭐가 맞아. 집주인이 화가든 유명한 교수든, 설계한 사람이 색깔을 결정하는 게 원칙이야. 그냥 작업 해."

선생은 씩 웃으면서 집주인인 박 화백의 주장과 내 의견을 일축해 버리시고는 그대로 현장을 떠났다. 그 순간 복잡하게 느껴지던 문제가 일시에 정리된 느낌이었다.

그림을 그리는 화가에게만 색이 중요한 건 아닐 터였다. 건축가에게도 자신이 설계한 건물에 칠해지는 색은 중요한 의미를 지닌다. 아무리 사소한 부분이라도 색깔 하나하나가 건축가의 머리에서 나왔을 때는 그 또한 설계의 한 부분에 속한다는 생각이 들었다.

선생의 지시대로 칠하려고 했더니, 이번에는 사모님이 제동을 걸었다. 색칠은 박 화백의 허락을 받고 나서 하라는 것이었다. 양단간에 결단을 내려야만 하는 상황. 나는 고심 끝에 김수근 선생의 지시대로 했다. 건축가로서 지켜 온 선생의 원칙이 옳다고 생각한 이상, 내 소신 또한 흔들림이 없었다.

저녁이 되어 외출에서 돌아온 박 화백이 내게 물었다.

"왜 내가 정해 준 색으로 칠하지 않았나?"

창문을 확인한 박 화백은 대뜸 얼굴이 굳어졌다.

"화가인 내가 내 집 색깔을 마음대로 결정하지 못하는 게 말이 되나!"

내가 김수근 선생의 말을 전하자 박 화백은 화를 내며 언성을 높이기도 했지만, 결국에는 설계자의 의견을 수긍하고 양보하면서 받아들였다. 이후로도 비슷한 갈등이 몇 차례 더 있었다. 박고석 화백은 '디자인과 장식을 생략하라', '살림집과 아틀리에를 구분할 수 있게 현관을 따로 내라'는 요구 사항을 내걸었으나, 김수근 선생의 허락 없이는 할 수 있는 게 아무것도 없었다. 박 화백이 "내 집 가지고 건축 연습을 하지 마라!"라고 몰아붙이면, 김수근 선생은 "그럴 거면 다른 사람에게 맡겨라!"라고 받아치기도 했다. 그러나 고석공간이 완공되었을 때는 두 분 모두가 흡족해하는 모습을 볼 수 있었다.

그로부터 50여 년이 지난 후, 명륜동 아틀리에를 수리한다는 소식을 듣고 그곳을 방문한 적이 있다. 공사 관계자에게 물으니, 건물이 노후되어 누수와 단열에 문제가 있어서 수리한다고 했다. 둘러보니 거실과 주거 공간의 대형(1,800×1,800) 목재 문짝은 그대로 보존되어 있었다. 현장을 둘러보는 나에게 목수가 한 마디 건넨다.

"한국 최고의 미송을 사용한 데다, 공사를 워낙 잘해서 보존 상태가 너무 좋습니다."

시공한 때로부터 50년이 지나서 이런 칭찬을 들으니, 나도 모르게 자랑스러움이 밀려왔다. 내 인생에서 고석공간 건축은 협업의 중요성과 어려움을 동시에 맛보게 해준 값진 경험이었다.

5

아름다움의 유통 기한은?

박고석 화백의 아틀리에 건축 공사를 할 당시에 박 화백의 인간적인 매력과 인품에 존경심을 갖는 한편으로, 그분의 설악산 그림을 보며 내 가슴이 뛰는 것을 느꼈다. 예술가의 아름다운 작품이 인간에게 또다른 행복을 줄 수도 있다는 것, 그리고 아름다움을 추구하는 인간의 욕망은 영원하다는 것을 느낄 수 있었다.

박고석 화백의 별명은 '느림보 화가'였다. 치열한 열정만큼이나 자신의 작업에 엄격하기 때문일 것이다. 그런 이유로 박 화백의 작품은 화랑에 잘 나오지 않는다.

모 화랑에서는 주로 박고석 화백의 그림을 전시했는데, 건축비도 그 화랑에서 나왔다. 사모님은 이것을 몹시 부담스러워하는 듯했으나, 화랑 측은 대가의 그림을 선점할 요량으로 비싼 건축비를 척척 내주었다. 오죽 빚지는 게 걱정되었으면 박 화백이 빨리 그림을 그릴 수 있도록 사모님이 아틀리에부터 지으라고 요청할 정도였다.

1년 만에 살림집과 아틀리에 공사를 모두 마치고 나서 입주하고 얼마 지나지 않았을 때였다. 사모님이 공사 관계자 몇몇을 저녁 식사에 초대하고는 나를 조용히 부르시더니 어렵게 양해를 구했다.

　　"함 사장이 집을 잘 지어 줘서 고맙다고 박 교수님이 그림을 한 점 선물하라고 말씀하셨는데…."

　　그 그림을 화랑에 넘겼다는 얘기였다. 진심을 알았으면 그만이지 못 들어 줄 부탁도 아니기에, 내심 섭섭했지만 잘하셨다는 빈말로 웃고 넘겼다.

　　김수근 선생 누님 집으로도 불리는 고석공간은 건축주들이 가장 보고 싶어 하는 집 가운데 하나라는 점에서 내게도 각별한 의미를 지닌다.

　　건축물은 원형 그대로 고스란히 남아 있다. 수십 년이 지났어도 나무 창문이 비틀림 없이 온전한 모습을 지키고 있는 걸 보면 내가 삼나무(스기)를 선택하길 잘했다는 생각이 든다. 십 년을 말렸다 쓴 나무라도 저렇게 변형 없이 원형을 유지하기는 어렵기 때문이다.

　　대학로 문예회관 혹은 샘터 사옥을 연상시키는 고석공간은 앞에서 보면 직선이고, 뒤로 돌아가면 아기자기한 공간이 숨은 그림처럼 모습을 드러낸다. 복도처럼 긴 살림집 거실 맞은편에는 툇마루를 깔고, 바닥이 아늑한 한실을 들였다. 양옥 안에 한실이 들어앉은 형식이다.

　　집의 내벽은 붉은 벽돌로 지어졌다. 벽돌이 차가운 느낌을 주지 않도록 미송으로 짠 격자 미닫이창을 달았고, 유리 대신 창호지를 발라 빛이 자연스럽게 스며들도록 했다.

가끔 그 근방을 지나치다 나도 모르게 걸음을 멈출 때가 있다. 나무가 오래된 탓에 기둥이나 문짝 색이 변한 게 눈에 밟히는 까닭이다.

'색이 변한 부분을 깎아내야 하는데….'

박 화백이 돌아가신 지금은 부질없는 간섭에 불과하리라.

아쉽지만 발길을 돌려야 했다.

이 집뿐만 아니라, 간혹 내가 지은 집을 지나칠 때면 생각이 많아진다. 특히 마음에 걸리는 건 칠 부분이다. 비록 현장을 떠났어도 내게 도움을 청하면 시공자로서 기꺼이 방법을 찾아보겠지만, 대부분은 페인트 업자에게 맡겨 일반적인 방식으로 처리하는 바람에 건축 당시의 디테일을 놓치는 우를 범하는 걸 종종 본다.

'기존의 색과 같은 색'으로 칠해 달라고만 해서는 건축 당시의 색과 같은 색이 나올 수 없다. 얼핏 보기에는 평범한 파란색도 더 진하거나 흐리거나 미세한 차이가 존재한다. 심지어 본래는 무광으로 칠했던 색을 유광으로 바꿔도 알아차리지 못한다.

미적 기준을 전문가의 눈높이와 똑같이 맞춘다는 건 굉장히 성가시고 힘든 작업이다. 그런 이유로 당연히 필요한 과정도 허투루 지나치는 경우가 다반사다. 아까운 시간과 비용을 투자해서 만들어진 건축물임에도 아름다움의 가치가 속절없이 훼손되는 건 한순간이다.

설계자 김수근 선생이 일찍 돌아가시지만 않았어도 저 아름다운 집이 훼손되지 않고 더욱 오랫동안 보존되지 않았을까 하는 아쉬움을 가져본다. 김수근 선생과 함께 박고석 화백의 고석공간 건축을 함께했던 1년간의 추억이 마치 어제 일처럼 눈앞을 스쳐 간다.

6

나의 멘토를 떠나보내며

바르셀로나에 가우디가 있다면, 한국에는 김수근이 있다.
평범한 사람은 흉내조차 내기 힘든 기인의 풍모는 한평
생 문화와 건축의 거장으로 불리었던 선생의 매력이기도 했다.

명륜동 고석공간을 짓고 나서 한동안 김수근 선생을 뵐 수가
없었다. 공간건축 사람들에게 물어봐도 어쩐지 쉬쉬하는 분위기
였다. 그러다 선생께서 돌연 암 선고를 받았다는 청천벽력 같은
소식을 들었다.

더없이 낭만적인 품성과 예술가적 기질을 지닌 그분의 자유로
운 영혼을 세상은 지켜 주지 못했다. 내가 알기로는 선생은 단 한
번도 남들 앞에서 재정적인 어려움을 호소한 적이 없었다. 돈에
움직이는 건축가였다면 겪지 않아도 될 어려움이 공간건축에서
는 그저 흔하게 접하는 일상의 한 부분으로 받아들여지곤 했다.
그러나 겉으로 드러나지 않았을 뿐, 내부적으로는 적자에 시달리
고 있었다.

1980년대 초반, 공간건축연구소는 이란과 꽤 큰 규모의 계약을

체결하고 일을 많이 한 것으로 알고 있다. 선생이 올림픽 체조경기장이라는 초대형 프로젝트를 무보수로 진행해도 그럭저럭 회사는 돌아갈 수 있을 정도의 일이었다. 그런데 이란의 지도자가 바뀌면서 우리나라와 외교가 단절되어 설계비를 받지 못하게 되자, 공간건축 운영에 심각한 차질이 생겼다. 평생을 돈 걱정 없이 살아온 선생으로서는 스트레스가 이만저만이 아니었을 터였다.

나는 선생의 암 투병 사실을 전해 듣고도 안타까움에 차마 얼굴을 내밀 용기가 없었다. 그로부터 1년쯤 지난 어느 날, 김수근 선생이 공간건축 공릉 신사옥 건축 현장을 가끔 찾는다는 소식을 듣고 무작정 공릉동으로 향했다.

봉일천을 배경으로 세워진 신사옥 앞에 선 순간 까닭 없이 설움이 복받쳤다. 벽돌과 알루미늄판, 유리블록 돔, 노출 콘크리트로 구성된 3층 건물이 하늘을 향해 뻗어 있고, 시간은 그대로 멈춰 버린 듯했다. 벌써부터 눈시울이 붉어지는데, 저만치서 언덕을 내려오는 자동차가 있었다.

"어, 왔어?"

담요를 몸에 두른 채 간병인이 밀어 주는 휠체어에 앉은 선생은 언제나처럼 웃고 있었지만, 예전의 그 모습은 아니었다. 그 앞으로 달려가면서 속울음이 쏟아졌다. 힘없는 목소리, 병색이 깊어진 초췌한 모습 때문만은 아니었다. 그때, 나의 한 세계가 무너져 내리고 있었다.

선생님과 나는 무슨 이야기를 나누었던가.

헤어질 때는 머릿속이 하얗게 비워져 아무것도 기억나지 않았다. 다만, 타는 노을 속으로 가뭇없이 날아오르는 새를 오래도록 가슴에 담았다. 그리고 불현듯 '시간'을 생각했다. 일분일초라도 의미 있게, 가치 있게 쓰고자 세상 누구보다 뜨겁게 삶을 살아온 그분이 내게 선물한 그 아름다운 시간들에 대하여.

"돈을 빚질 수는 있어도 시간은 빚을 얻을 수도 갚을 수도 없다."

"내일이면 늦다. 건축가는 내일을 위해 사는 사람이므로 오늘이 가장 중요하다."

선생이 입버릇처럼 했던 말들이 무한대의 저 끝을 향해 우뚝 솟은 공간건축 신사옥 건물 위로 메아리가 되어 속절없이 흩날리고 있었다. 건축가로서 선생의 마지막 소망은 후학들을 위한 한국문화예술 학교를 짓는 것이었다. 건물 설계를 마치고 부지까지 물색했다는 이야기를 들었으나, 끝내 허락되지 않은 '내일'은 평생을 거침없이 살아온 당신의 소망 하나를 미완으로 남겼다.

향년 57세. 김수근 선생은 '건축은 빛과 벽돌이 짓는 시'라고 했던 자신의 명언처럼 따뜻하고 아름다운 건축물을 남기고 홀연 하늘에 올랐다.

천재 건축가와 작업을 함께한다는 건 하루하루가 경이로움의 연속이었다. 한 건물이 완성되면 그 주변이 다 아름답게 변화하는 걸 내 눈으로 목격할 때의 즐거움이란! 보기만 해도 이렇듯 마음이 행복한데, 그 아름다운 건물에 사는 사람들에게는 더할 나위 없는 축복이 되리라.

사람은 이 세상을 떠나도 건축은 남는다. 건축가 김수근 선생은 하루를 마지막 날처럼 살면서 그 무엇으로도 바꿀 수 없는 아름다움의 가치를 내게 깨우쳐 주었다. 하지만 그분과 함께할 수 있는 '오늘'이 더 이상 허락되지 않는다는 현실은 내게 커다란 상실감을 안겨 주었다. 그렇게 하루하루가 무의미한 채로 흘러가는 동안, 나는 건축 현장에서 조금씩 멀어지고 있었다.

그렇다. 나는 건축가의 꿈을 안고 건축업에 뛰어든 10년 동안 오직 김수근 선생만을 바라보며 달려 왔다. 그런데 선생을 만나 함께한 지 3년 만에 세상을 떠나신 상황을 내가 어떻게 받아들여야 하는지, 정말로 세상이 무너지는 아픔과도 같았다. 그날부터 나는 믿기지 않는 현실에서 고민하기 시작했다. 황량한 벌판에서 길을 잃은 채로….

7

다시는 꿀 수 없는 꿈

타워호텔(1969), 서울대학교 예술관(1973), 공간건축연구소 사옥, 샘터 사옥(1976), 문예회관(1977), 서울종합운동장(1977), 한계령 휴게소(1979), 경동교회(1981), 서초동 법원 청사(1984), 올림픽 체조경기장(1986), 진주박물관(1987), 춘천어린이회관…. 돌아가시고 35년여가 지난 지금도 김수근 선생의 공간 미학이 담긴 건축물을 돌아볼 때마다 문득문득 아련한 감상에 젖어들곤 한다.

선생의 장례를 마친 뒤 근 일 년 동안, 나는 아무 일도 할 수가 없었다. 선생께서 떠나신 이후로 열정이 식은 내게 건축 일은 아무런 감흥을 주지 못했다.

하루는 어떤 분이 내게 산삼을 건넸다. 꿈에 산신령의 계시를 받고 밤늦도록 산에 올라가 캔 산삼이라고 했다. 산을 얼마나 헤매고 다녔던지 나무뿌리에 긁힌 손마디가 온통 상처투성이였다.

가까운 내 친구가 경직성 관절염으로 힘겨운 투병 생활을 하고 있었다. 그분은 내가 친구 때문에 상심한 것을 알고 어렵게 구한 산삼을 가져가라고 부른 것이다.

"귀한 산삼은 고맙지만, 선물을 하시려거든 다른 사람에게 하십시오."

그러면 안 되는 줄 알면서도 이 말이 먼저 튀어나왔다. 나는 내가 도움을 줄 수 있는 범위 내에서 친구를 돕고 있었으나, 이미 가망이 없다는 판정을 받은 상태였다.

"그렇게 귀한 산삼은 서울대학병원 어디선가 죽어가고 있을 아까운 천재를 살리는 데 쓰는 게 옳습니다."

친구에게는 미안한 일이었지만, 그 순간 나는 김수근 선생을 생각하고 있었다. 산신령의 영험함으로 현대의학의 한계를 극복할 수 있다면, 산삼의 기적은 평범한 사람을 살리는 것보다는 김수근 선생 같은 위대한 천재를 위해 쓰이는 게 옳다고 생각했다.

"함 대표 친구 살리라고 가져온 건데."

산삼 주인은 그런 내 뜻을 선뜻 이해하지 못하는 기색이었다. 그분에게는 생면부지였으나 친구를 걱정하는 나를 생각해서 애써 캐 온 산삼을 한사코 거절하는 내가 몰인정한 사람으로 비쳐졌을 수도 있다. 선물은 결국 친구에게 돌아갔으나 별다른 효험을 발휘하지는 못했다.

어차피 다시는 꾸지 못할 꿈이었다. 그걸 알면서도 나는 한동안 갈피를 잡지 못했다. 김수근 선생의 빈자리가 너무도 컸다. 시시때때로 마음이 중심을 못 잡고 허둥거렸다.

이 글을 쓰는 지금도 와락 감정이 치미는 건 여전히 그 빈자리가 그립고, 아쉽고, 생각할수록 허망한 까닭이다. 그리고 전 세계인의 축제인 서울올림픽을 성공적으로 이루어 낸 대한민국은 10~20년을 앞당겨 선진국 가까이에 있음을 세계에 알렸고, 국민 또한 자긍심이 대단했다.

서울올림픽을 준비하는 데 8년이 걸렸고, 그 과정에 크게 기여하신 김수근 선생이 올림픽을 보시지도 못하고 먼저 세상을 떠나신 일이 못내 아쉽다. 올림픽 메인스타디움, 올림픽 체조경기장을 설계하고 건축하는 과정에서 발휘된 전문가 집단의 협업정신은 88서울올림픽의 성공적인 개최로 이어졌다. 김수근 선생의 영향력이 밑거름으로 작용했기에 가능한 일이었다.

88서울올림픽은 우리나라가 개발도상국에서 선진국으로 올라서는 발판이 되었을 뿐만 아니라, 선진국은 경제 발전의 수준보다도 국민의 문화 수준이 더 중요하다는 것을 일깨우는 계기가 되기도 했다. 그리고 그 중심에 이어령 선생님과 김수근 선생님 두 분 천재의 노력이 있었기에 가능했다.

협업 : 전문가와 함께 일하다

3장

PROJECT COORDINATOR

1

프로젝트 코디네이터가 되다

내 인생을 한 마디로 정의한다면 '코디네이터'쯤 될 것 같다. 가령 어떤 프로젝트가 있으면 요소요소에 전문가를 배치한 후, 협업을 통해 그 프로젝트의 완성도를 최대로 끌어올리는 역할을 해왔기 때문이다.

사실 이런 일은 잘 만들어진 매뉴얼만 있으면 누구나 따라서 할 수 있다. 과제를 잘 수행할 수 있는 사람을 모아서 그들이 훨씬 더 높은 성과를 올리도록 환경을 만들어 가는 것이 코디네이터의 역할이다. 춘천인형극제는 내가 코디네이터 역할을 맡아 매뉴얼을 효율적으로 운영함으로써 인형극제의 완성도를 한 차원 더 끌어올린 대표적인 성과로 꼽을 수 있다. 그리고 코디네이터의 역할과 관련해서 ㈜바른손 재직 시절의 이야기를 빼놓을 수 없다.

건축가 김수근 선생, 공간건축연구소 사람들과의 각별한 인연이 있었기에 그분들과 협업을 할 수 있었고, 그 시간은 내 인생의 터닝포인트가 되었다.

바른손 박 회장은 문화 사업에도 관심이 많았다. 나와는 대학 선후배지간이었으나 이때까지 한 번도 만난 적은 없었다. 하루는 그가 직원을 통해 나에게 공간건축연구소 장세양 소장과의 만남을 주선해 달라는 요청을 해왔다. 나는 흔쾌히 장세양 소장과 그의 만남을 주선했다.

"그 일은 함 대표가 적격이던데, 왜 나를 보냈어?"

얼마 후, 박 회장을 만나고 온 장세양 소장이 너털웃음을 터뜨리며 그와 만나서 나눈 이야기를 풀어놓았다.

"바른손에서 춘천시 어린이회관 운영을 맡기로 했다면서 내게 적임자를 추천해 달라더군. 어린이회관 관리와 운영 책임자 겸 펜션 시공, 또 뭐라더라? 아, 사옥 신축할 부지도 봐줄 만한 사람이라야 한다더군. 그렇다면 이 일은 무조건 함 대표가 하는 게 맞지."

나로서는 금시초문이었다. 춘천시 어린이회관은 김수근 선생 작품이다. 바른손 박 회장은 기왕이면 공간건축연구소 소장에게 책임자 한 사람을 추천받아 어린이회관 관리와 운영을 맡기고 싶다는 뜻을 내비쳤는데, 장 소장이 나를 적임자로 추천했다는 얘기였다. 당시 바른손은 오대산 일대에 부지를 매입하고 펜션 사업을 위한 별도의 법인을 운영하고 있었다.

김수근 선생 이름만 들어도 울컥하던 때였다. 건축 사업을 접고 춘천으로 내려가려던 결심이 흔들린 건 장세양 소장의 격려 덕분이었다.

"현장소장으로 오라는 게 아니고 감독으로 가는 거야. 함 대표는 건축주의 자금으로 건물을 짓는 게 아니라, 회사가 건축주가 되어서 함 대표가 원하는 건축물을 기획하고 건축한다고 생각하면 돼. 을이 아니라 갑이라는 얘기야. 가서 아름답고 훌륭한 건물 많이 지으시게. 필요하면 우리가 돕도록 하지."

듣고 보니 굳이 거절할 이유가 없었다. 게다가 장 소장은 내게 결혼도 했으니 안정적인 직장생활도 좋지 않겠느냐고 말해 주었다. 아직 건축에 대한 미련을 완전히 버리지 못한 나에게는 '짓고 싶은 건물을 마음대로 지을 수 있다'는 말이 더 크게 와닿았다. 게다가 개인적으로, 바른손은 중고생들에게 아름다움과 꿈을 심어 주는 좋은 기업이라고 생각하고 있었다.

나는 직장생활을 시작하기로 결심하고 바른손 박 회장을 만나 인터뷰를 했고, 바른손에서 발령받은 첫 직책은 '문화사업부 부장'이었다. 입사하자마자 당장 내 앞에 떨어진 업무는 춘천어린이회관 운영 활성화였다.

지금은 'KT&G 상상마당 춘천'으로 명칭이 바뀐 춘천어린이회관은 1979년 '세계 아동의 해'를 맞아 강원도가 김수근 선생에게 설계를 의뢰한 건물로, 1980년 5월에 개관했다.

1980년대만 해도 우리나라의 지방 축제라든가 지역 문화예술은 산업화에 묻혀 활성화되지 못했다. 특히 강원도 춘천은 여타 지방 도시에 비해 더욱 뒤처져 있었고, 오로지 소비 도시, 군인 도시로서 문화예술은 불모지나 다름없었다. 정부에서는 서울올림픽 이후 지방 문화예술을 활성화하기 위해 전국 각 시에 '문화예술계'라는 부서를 신설했다.

당시 춘천시청 직원들은 문화예술계 발령을 한직으로 좌천되는 것과 마찬가지로 여겼다. 그렇다 보니 문화예술 업무에 대한 열정이나 전문성이 부족했다. 춘천어린이회관 운영 활성화라는 중책을 맡은 내가 조언을 듣고 싶어도 딱히 찾아갈 사람이 없었다. 이런저런 고민 끝에 나는 장세양 소장, 이종호 교수에게 부탁하여 공연기획 전문가 강준혁 씨를 소개받았다.

내가 강준혁 씨와 인연을 맺게 된 건 춘천시 입장에서도 행운이었다. 1977년 공간사랑 소극장 극장장으로 부임한 강준혁 씨는 김덕수 사물놀이패, 공옥진 씨와 안숙선 씨 등을 비롯한 무형문화재급 예술인들의 공연으로 1980년대 소극장 문화에 새바람을 일으킨 당대 최고의 공연기획자였다.

그때가 1980년 초였던 것으로 기억된다. 공간 소극장에서는 비교적 한가한 오전이나 낮 시간대에는 어린이 인형극을 꾸준히 올렸다. 나는 강준혁 씨에게 '춘천어린이회관 운영 방안 및 활성화 연구' 용역을 의뢰하고 사업성 검토 작업에 들어갔다. 사업성 검토는 크게 두 갈래로 이루어졌다. 하나는 안정적인 수익 모델 창출, 다른 하나는 어린이회관 특성을 살린 프로그램을 개발하는 것이었다.

단기 및 중장기 공연 기획에 더해 1년 치 어린이회관 운영계획을 의뢰한 결과, 5월과 10월에 두 개의 축제 모델이 제시되었다. 이를 토대로 프랑스문화원이나 독일문화원에서 매월 상영하는 어린이 영화 가운데 작품성 있는 영화를 선정해서 상영하고, 곧

다가올 어린이날에는 인형극과 함께 특별한 축제를 열기로 계획했다. 우선 어린이날 행사부터 잘 치러서 어린이회관의 존재감을 널리 알릴 필요가 있었다.

어떻게 하면 행사를 성공적으로 치를 수 있을지에 대해 강준혁 씨와 머리를 맞대고 고민하다 문득 김수근 선생의 작업 방식이 뇌리를 스쳤다. 선생은 하나의 프로젝트를 진행할 때 그 일에 관련된 모든 사람을 회의에 참석시키곤 했다. 나는 선생의 그런 모습을 통해서 최상의 결과는 최고의 전문가들과 함께할 때 만들어진다는 것을 깨달을 수 있었다. 바로 지금이 그 교훈을 실천할 때였다.

나는 '제1회 춘천인형극제 및 어린이날 축하 행사 집행위원회'를 구성하기로 하고 강준혁 씨와 이종호 실장에게 도움을 청했고, 공간건축연구소는 건축가와 공연 예술가들의 사랑방 역할을 했다.

어린이날 축하 퍼레이드에는 바른손 직원들까지 동원했다. 팡파르를 연주하는 고적대가 거리를 행진하는 동안, 인형 탈을 쓴 공연단이 풍선과 사탕을 어린이날 선물로 나눠 주면 뒤를 따르면서 거리 축제 분위기를 한층 띄웠다.

퍼레이드 행렬을 따라오는 어린이들에게는 풍선과 사탕 외에 연필, 필통, 노트 등 바른손 팬시 제품을 나눠 주기도 했다. 도청 광장에서 춘천여중·고 교정을 돌아 양쪽으로 갈라진 퍼레이드 행렬은 중앙로 로터리에서 만나 다시 호반으로 행진을 이어 갔다.

퍼레이드 행렬이 지나는 길목마다 시민들과 어린이들이 몰려들었다. 뭔지도 모르고 그저 분위기에 이끌려 따라오는 어린이와 부모들도 거리를 메웠다. 그도 그럴 것이, 이런 행사는 지방 도시에서는 거의 유일하게 펼쳐지는 이벤트였다.

쉴 틈 없이 이어지는 이벤트는 퍼레이드 행렬이 어린이회관에 모두 도착했을 때 절정을 이루었다. 역시 전문가는 달랐다. 축제 기획가 강준혁 씨는 퍼레이드가 어린이회관 호숫가에 도착하는 시간에 맞춰 미군 헬기를 동원해 연막탄으로 호수 위 푸른 하늘에 사랑의 하트를 그리는 이벤트까지 연출했다. 그러자 아이들의 환호성은 절정에 달했다. 나는 풍선을 손에 든 아이들의 해맑은 모습에서 춘천의 미래를 보았다.

소비의 도시라고 해도 지나치지 않을 춘천에서 흔히 볼 수 있는 것이라고는 군용 트럭과 지프 아니면 보육원 간판, 그리고 삶에 찌든 사람들의 고단한 표정이었다. 이 삭막한 거리에 '문화예술'의 옷을 걸쳐 주는 것만으로도 춘천은 비로소 아름다운 호반의 도시라는 명성에 걸맞은 품격이 갖춰진 듯했다. 어린이날 축제는 춘천이 문화예술 축제의 도시로 탈바꿈하는 시작점이었다.

바른손이 춘천어린이회관 운영을 맡아 처음으로 개최한 어린이날 행사는 춘천뿐만 아니라, 전국적인 화제를 모으며 성황리에 막을 내렸다. 나는 이 일을 계기로 소비 도시 춘천이 문화예술의 도시로 새롭게 거듭날 수 있도록, 내가 꿈꿔 온 것들을 실현해 나갔다.

그러나 내 꿈을 실행에 옮기기에는 상황이 녹록하지 않았다. 우선, 어린이회관 건물 누수로 대대적인 시설 보수가 불가피했다. 설상가상으로 주관 기관이 강원도에서 춘천시로 넘어가면서 재정 지원도 크게 줄어든 상황이었다.

바른손은 춘천어린이회관을 위탁받아 경영하는 역할을 맡았을 뿐인데, 시청이든 도청이든 문제 해결의 의지를 보이지 않았다. 그러자 바른손 내부에서도 부정적인 의견이 나오기 시작했다. 문화 사업이라는 이유로 수천만 원에 달하는 건물 보수비를 지출하면서까지 희생을 감수하자고 오너를 설득할 명분도 없었다. 그렇다고 수익 사업을 할 수 있는 입장도 아니었다.

아쉽지만 이쯤에서 내 꿈을 접기로 했다. 하지만 어린이날 축제가 춘천 시민들에게 너무나 인상 깊었던 모양이었다. 춘천시에서는 어린이날 행사를 계속 맡아 주기를 원했고, 특히 춘천시장은 인형극축제만이라도 해 달라고 요청했다. 그러나 내가 결정할 수 있는 문제가 아니었다.

바른손에서 확답을 주지 않자, 춘천시장이 직접 오너에게 전화를 걸어 부탁해 왔다. 매정하게 거절할 수 없었던 오너는 나에게 행사를 일임하면서 '비용의 최소화'라는 단서를 붙였다. 임원들 사이에서는 우리도 할 만큼 했으니 한 해만 행사를 주관하고 발을 빼야 한다는 의견으로 기울었다.

어느덧 내가 두 아이의 아빠가 되어 있을 때였다. 혼탁한 매연에 휩싸인 서울은 흙을 보기 힘든 거대 도시가 되었다. 콘크리트 바닥에서 뛰노는 아이들을 볼 때마다 마음이 아팠다. 그런 아이들에게 서울과 가까운 아름다운 호반의 도시 춘천에서 신선한 추억을 선물하고 싶었다.

'기왕 할 거면 제대로 해보자.'

나는 세계적인 인형극제를 벤치마킹하기 위해 다방면으로 정보를 수집했다. 그 결과 소규모의 예산으로 시작한 춘천인형극제는 불과 2, 3년 만에 춘천을 문화예술의 도시, 축제의 도시로 자리매김하는 기염을 토했다. 어린이들에게 아름다운 추억을 만들어 주자는 바른손의 순수한 취지에 공감한 공연기획, 건축, 디자인 전문가들이 참여하지 않았다면, 도저히 이룰 수 없는 꿈이었다.

시작은 단돈 3백만 원, 지금 생각해 봐도 지방 도시에서 문화축제를 연다는 게 결코 쉬운 일은 아니었다. 특히 지방 소도시에서 인형극으로 문화축제를 개최하는 일은 거의 불가능에 가까웠다. 그런데도 내가 동분서주하며 열의를 보이자, 나를 지켜보기만 하던 주변 사람들이 한둘씩 나서서 도와주기 시작했다. 수동적으로 지켜만 보던 춘천시 문화예술 부서 직원들도 적극적으로 참여했다.

마침내 행사를 알리는 멋진 디자인의 포스터와 현수막이 내걸리자, 춘천인형극제는 전국적인 관심을 불러일으켰다. 춘천인형극제는 그렇게 시작되었고, 행사에 참여한 각 분야 전문가들의 헌신적인 노력은 문화예술의 불모지였던 춘천에 새바람을 일으키며 생동감을 불어넣었다.

2

전문가 네트워크를 활용하다

전년도 춘천 어린이날 축제를 성황리에 마친 팀이 다시 모였다. 회의 끝에 내린 결론은 이러했다. 어린이날 축제는 중단하고, 어린이회관 운영을 춘천시에 반납하며, 춘천인형극제만 바른손에서 맡기로 합의했다.

두 번째 춘천인형극제를 열기 위해 건축가 이종호 실장, 평론가 구히서 선생, 그래픽 디자이너 정현종 씨, 그리고 극단 대표 안정의 씨와 강승균 씨가 집행위원으로 참여했다. 그리고 공연기획가 강준혁 씨는 집행위원장을, 나는 집행위원회 간사를 맡았다.

예술가적 기질이 강한 탓일까. 강준혁 씨를 한 마디로 표현하자면, '게으른 천재'의 전형이라 할 수 있었다. 머리는 반짝반짝하는데 행동은 느린 면이 있는 데다 엉뚱하기까지 했다. 가령 아무리 바빠도 자기가 좋아하는 커피나 디저트, 음악이 준비되어 있지 않으면 도통 움직일 생각을 하지 않았다. 하지만 그는 플룻 경연대회에서 입상했을 정도로 음악에 대한 조예가 깊었으며, 작업 현장을 놀이터로 만드는 재주가 있는, 말 그대로 타고난 예술가였다.

그의 성격이 어찌나 독특한지 누군가는 이 게으른 천재를 등 떠밀며 가야만 했다. 대개 그 역할은 이종호 실장, 구히서 평론가가 맡았고, 다른 사람이 대신할 수 없는 일이었다. 그 두 분이 포기하려고 할 때는 내가 그들을 설득하고, 그들은 강준혁 씨를 설득했다.

집행위원회 회의가 있는 날에는 다른 기획자들과의 의견 차이로 종종 충돌을 빚기도 했다. 첫날은 예산 책정에서 발목이 잡혔다. 결론은 나지 않고 서로 자기주장만 하다 회의가 끝날 상황이었다. 이러다가 자칫하면 팀이 깨질지도 모른다는 위기감이 밀려왔다.

두어 번 정도 회의를 더 해보고 안 되겠다 싶어 이종호 실장에게 의견을 구했다. 그는 '공간'에서 한솥밥을 먹은 내력으로 강준혁 씨와는 허물없이 지내는 관계였기에, 내가 무엇을 걱정하는지도 잘 알았다.

강준혁 씨는 대한민국 최고의 공연기획자답게 스케일이 컸다. 문화공연은 후원사 예산으로 단일 행사를 진행하는 경우가 태반이었다. 그런 이유로 문화 행사가 자생력을 갖기란 쉽지 않은 일이었다. 그런 환경에도 불구하고 내가 만들고자 하는 문화행사는 수동적이고 한시적인 행사가 아닌, 자생력이 있으면서도 지속 가능성이 있는 행사였다.

이종호 실장의 생각도 나와 다르지 않았다. 나는 강준혁 씨에게 공연기획만 맡기고, 행사 진행에 필요한 인원은 자원봉사단을 꾸리는 쪽으로 가닥을 잡았다. 우리는 그러한 전제 하에서 할 수 있는 것과 할 수 없는 것을 걸러내고 허심탄회하게 이야기를 나눴다.

기업이든 지방자치단체든 후원에만 의지하는 행사가 얼마나 허망한 뒤끝을 남기는지는 첫 번째 어린이날 행사를 통해 충분히 경험한 터였다. '후원'이라는 달콤한 독에 맛을 들이는 순간 자생력은 물거품이 되고 만다. 후원 업체에서 갑자기 후원을 끊으면 그날부로 행사도 끝이다. 그런 사실을 잘 알기에, 행사비를 자체적으로 조달하여 지속 가능한 자생력 있는 행사를 운영하는 게 나의 필요조건이었다.

나는 이러한 필요조건을 충족시키기 위해 30년의 역사를 자랑하는 일본의 세계적인 인형극 축제 '이이다인형극페스티벌(いいだ人形劇フェスタ)'을 두 번째 춘천인형극제의 벤치마킹 모델로 정했다.

"함 부장님이 일본의 이이다페스티벌을 알고 계셨군요?"

강준혁 씨는 물론 평론가 구희서 씨와 이종호 교수도 사뭇 의외라는 표정을 짓고 있었다.

'인형극제를 전혀 모르던 사람이 어떻게 저런 말을 하지?'

그들의 얼굴에는 그렇게 쓰여 있었다. 고백하건대, 내가 벤치마킹한 정보들 가운데 많은 부분이 그들의 입에서 흘러나온 것이었다. 나는 그들과 대화를 할 때, 주로 질문을 하는 쪽이었다. 세계적인 축제는 어떤 특색이 있는지 궁금하면 내가 묻고 그들이 대답하는 식이었다. 그들의 머릿속에 있는 전문 지식이 내 것이 되는 데는 긴 시간이 필요치 않았다. 다만 때때로 "그럼, 우리도 이렇게 해봅시다!"라는 말이 조금 늦게 나올 뿐이었다.

집행위원들도 흔쾌히 공감을 표했다. 각자의 위치에서 최고가 된 전문가 그룹을 연달아 집행위원으로 위촉할 수 있었던 건 춘천인형극제를 세계적인 페스티벌로 만든 원동력이 되었다. 그 당시는 물론이고 지금까지도 어느 행사나 축제에서 이런 전문가 집단이 모인 것은 처음 있는 일이었다.

강준혁 씨는 인형극단 대표 안정의 씨와 강승균 씨를 집행위원으로 영입했다. 당시 〈일간스포츠〉 문화부 차장으로 있던 평론가 구희서 씨는 강준혁 씨뿐만 아니라 이종호 교수와도 막역한 사이였다. 여기에 롯데월드 마스코트 공모 당선자인 바른손의 아트 디렉터 정연종 씨까지 합세하여 완벽한 전문가 그룹이 구성되었다.

이렇게 해서 강준혁 씨를 집행위원장으로 한 일곱 명의 집행위원회가 구성되었고, 이런 쟁쟁한 전문가 집단이 인형극축제 집행위원으로 참여한 것은 최고 강점이었다. 바른손 대표인 나는 집행위원 겸 간사로 참여했다. 나는 여기서도 코디네이터 역을 자청했다. 어린이날 행사는 강준혁 씨, 이종호 실장, 인형극단 안정의 씨와 강승균 씨만 참여하여 어린이날 행사와 인형극을 함께하였다.

"아름다운 호반의 도시 춘천에서 어린이들이 감성 충만한 경험을 할 수 있도록 바른손이 앞장서겠습니다. 여러분이 도와주시면 춘천을 세계적인 문화도시로 만들 자신이 있습니다. 여기에 여러분이 선봉이 되어 주십시오. 자라나는 아이들에게 꿈과 아름다운 추억을 만들어 주고 싶습니다. 이것은 바른손의 기업정신이고 꿈입니다."

쟁쟁한 분들을 모셔 놓고 무보수 자원봉사를 부탁했더니 다소 황당한 표정을 짓기도 했다. 내가 바른손 대표로 참여한 것을 경계하는 분들도 있었다. 재능 기부 개념으로 선의에 동참할 수는 있으나 기업 홍보에 이용당하고 싶지는 않다는 의미였다.

바른손은 단순한 후원 업체 이상의 역할은 할 수도 없었다. 회사에서 지원하는 후원금은 자원봉사단 운영에 필요한 실비 지원에 그쳤기 때문이다. 그나마 내가 읍소하다시피 받아낸 돈이었다. 최소한 2천만 원은 들어야 치를 수 있는 행사였다.

대답은 무조건 '노'였다. 하는 수 없이 3백만 원만 지원해 달라고 오너를 설득했다. 1천만 원은 입장권 수입으로, 나머지 5백만 원은 인형극제 티셔츠나 액세서리 같은 기념품을 판매하는 외에 광고 협찬을 받아서 충당할 요량이었다. 집행위원들이 이 사실을 알고는 깊은 우려를 표했다. 하지만 내 생각은 달랐다. 외국의 성공 사례를 연구한 결과, 충분히 가능하다는 자신감을 얻었기 때문이다.

30년의 역사를 간직한 일본의 이이다페스티벌이 세계적인 인형극 축제로 발돋움한 곳은 인구 10만의 작은 소도시 이이다시(飯田市)였다. 자료를 찾다 인형극이라는 한 가지 콘텐츠로 30년을 이어온 세계적인 축제라는 걸 알고는 눈이 번쩍 뜨였다. 전문 공연장에서 활동하는 자원봉사자와 정기적인 공연을 이어 가는 극단 관계자들이 축제 성공의 결정적인 노하우로 꼽힌다.

내가 구상하는 자생력 있고 지속 가능성 있는 문화행사의 모든 것이 이이다페스티벌에 담겨 있었다.

행사 취지를 설명하자, 인형극단 대표가 물었다.

"우리가 특별공연 출연자를 데려오면 출연료는 주시나요?"

내 대답은 '국내 인형극단에는 당분간 출연료를 못 준다'였다. 대신 외국 유명 인형극단을 초청해서 공연을 보게 해줄 수는 있다. 그들에게는 항공료와 숙박비를 제공하되, 출연료는 지급하지 않는다. 인형극의 발전을 위한 세미나도 열어 주겠다고 약속했다.

인형극 단원들을 위한 축제 마당을 통해 한국의 인형극을 전 세계로 퍼져 나가게 만들면, 공연 장소만 제공해도 춘천인형극제에 참가하려는 신청자는 차고 넘칠 것이다. 이것은 내가 큰 틀에서 그려 온 궁극의 비전이었다.

"공연의 수준이 올라가면 관객은 저절로 찾아옵니다. 자생력이 생기면 개런티도 지급할 겁니다."

"좋습니다. 인형극축제 간사님을 믿고 함께 가보죠!"

춘천을 문화예술 축제의 도시로!

기나긴 토론 끝에 집행위원들의 뜻이 하나로 모아졌다. 이때부터 매월 한 차례씩 집행위원회 회의를 개최했다. 1년 후의 행사를 위해 지방에서 올라와야 하는 몇몇 집행위원들은 부담스러울 수밖에 없었을 것이다.

내가 기대하는 건 집단 지성의 힘, 협업의 시너지 효과였다. 여러 명의 전문가가 얼굴을 맞대고 이야기를 나누다 보면 의외의 성과를 올릴 수 있을 것이라 믿었다. 서로의 분야는 달라도 가는 길은 하나였다.

과연 만남의 횟수가 길어질수록 점점 더 좋은 의견들이 쏟아져 나왔다. 세계의 내로라하는 유명 축제는 모두 회의 테이블에 올랐다. 영국의 에든버러축제, 프랑스 니스카니발, 이탈리아 베네치아축제, 브라질 삼바축제 등등.

매번 회의 때마다 이들 축제가 지속 가능한 행사로 자리매김할 수 있었던 요인을 분석하고 벤치마킹하는 시간을 가졌다. 비결은 별다른 게 없었다. 회의를 거듭할수록 축제의 수준과 공연의 내용을 매번 새롭고 알차게 꾸밀 수 있다면, 우리에게도 성공 가능성은 충분하다는 결론이 나왔다.

우리는 각자의 강점을 살려 역할을 분담하기로 했다.

축제의 전체 기획 및 세미나, 특별공연 기획은 강준혁 집행위원장이, 축제의 질을 높이는 작업과 홍보는 구히서 위원이 맡기로 했다. 축제의 마스코트, 포스터와 현수막 등 디자인과 관련된 업무는 정연종 위원이, 현장 공연장 설치와 관리는 건축가 이종호 위원이, 인형극 관련 프로그램 및 공연자 선정과 초대는 인형극인 안정의 선생과 강승균 대표가 맡았다. 그리고 행사 예산에서부터 티켓 판매, 자원봉사자, 공연장 관리 등 전반적인 업무는 집행위원회 간사인 내가 맡았다. 바른손 파견 직원으로서 춘천인형극제 사무총장을 맡은 박병순 과장이 내 업무를 보조했다. 그 외에도 춘천시 관계기관 직원들과 시민들의 자발적 참여와 지원도 받기로 했다.

당시 지방의 유명 축제였던 춘향제, 단오제, 대사습놀이, 남사당놀이를 제외하고 문화예술계의 전문가 집단이 참여하는 국내 최초의 인형극축제 준비위원회가 출범하게 되었다.

3

전문가들의 협업으로 만들어 낸 기적

춘천인형극제 개막을 앞두고 1개월 전에 서울 대학로에서 열린 설명회장에는 기자들이 꽉 들어찼다. 웬만한 일간지 기자들은 거의 다 온 것 같았다.

내로라하는 각 분야의 전문가로 이루어진 집행위원들이 1년 동안 머리를 짜내서 만든 홍보물부터가 기자들의 눈을 사로잡기에 충분했다. 포스터와 티켓, 배너, 홍보 팸플릿을 보고 여기저기서 '지방 소도시 춘천이 인형극제 수준이 아니라 새로운 축제의 역사를 쓰기 시작했다', '지금까지 한국 축제에서는 볼 수 없었던 문화적 충격이다', '지방 도시에서 세계적인 축제 탄생의 조짐이 보인다' 등의 찬사가 쏟아졌다.

탁월한 안목이 모여 시너지를 발휘한 결과였다. 덕분에 강원도의 작은 소도시 춘천에서 열리는 인형극제를 알리는 보도자료가 다양한 매스컴을 통해 전국적으로 퍼져 나갔다.

홍보가 잘 된다고 일이 순조롭지는 않았다. 처음에는 자원봉사를 하겠다는 신청자가 없어 곤란을 겪었다. 사정이 그렇다 보니 어쩔 수 없이 고교생이었던 내 조카 한 명과 그의 친구들이 자원봉사자로 참여하게 되었다. 이 일을 계기로 조카는 고교생 시절부터 10년간 춘천에서 인형극제 자원봉사 요원으로 활동했다. 삼촌이 오라고 하니 아르바이트인 줄 알고 왔다가 인형극축제가 좋아서 10년을 하게 되었다고 했다. 이 자리를 빌려 조카 함은주에게 고마운 마음을 전한다.

첫 축제 때는 일주일 일을 시키고 자원봉사자들에게 주는 거라고는 티셔츠나 문구 등 팔다가 남은 학용품뿐이었다. 조카가 어처구니가 없었던지 헛웃음만 짓더니, 다시는 안 오겠다고 하고는 돌아갔다. 그런데 그다음 축제 때 다시 수고해 달라고 사무총장이 부탁하자, 조카는 대학 친구들까지 데리고 와서 기꺼운 마음으로 자원봉사를 해주었다.

나 때문에 바른손 직원들도 고생이 많았다. 직원 게시판에 자원봉사 모집 공고를 올렸지만, 지원자가 한 사람도 없었다. 그러다 보니 급할 때는 디자이너를 포함해서 본사 직원을 춘천으로 부르기도 했다. 긴급 호출을 받은 직원들은 회사 행사라고 하니, 특근이라도 하는 줄 알고 왔다가 실상을 알고 나서는 "자원봉사에 '자원'이 빠졌다."라며 허탈해하기도 했다. 그 당시만 해도 자원봉사라는 개념에 대한 인식이 부족했기 때문이었다.

춘천인형극제는 무료 초대권이라는 게 없었다. 집행위원들이 홍보에 전념하는 동안, 나는 회사 직원들에게 입장권을 판매했다.

"자녀가 있는 직원들에게 입장권을 좀 사 주시죠."

"5백만 원을 지원하고 상품 후원도 하는데, 회사에서 입장권까지 사 줘야 하나?"

바른손 오너는 다소 황당한 기색을 내비쳤으나 흔쾌히 입장권을 사 주었다. 지인이란 지인을 총동원해서 입장권을 팔았지만, 객석을 채우기에는 한참 부족했다. 더욱 큰 문제는 입장권을 산 사람들도 공연장에는 오지 않는다는 점이었다. 인형극제에는 관심이 없고 집행위원들 얼굴 보고 입장권을 사 준 이들도 적지 않았다. 게다가 집에 아이들이 있어도 춘천까지 와서 공연을 관람할 만큼 생활이 여유롭지 않은 탓도 있었다.

사실 그 당시만 해도 인형극에 대한 인식이 매우 낮았다. 사정이 이렇다 보니, 지방 도시의 문화축제는 그 지방만의 행사일 수밖에 없었다. 엎어지면 코 닿을 데에 있는 춘천시청 공무원들도 입장권을 사 놓고 공연장에는 나타나지 않는 경우가 비일비재했다. 그들에게는 인형극이라는 게 워낙 생소한 문화였기에 선뜻 걸음이 내키지 않았을 것이다.

지방 소도시 춘천에서 처음으로 열리는 인형극축제인 만큼, 관객을 모으는 일은 쉽지 않았다. 오전과 오후로 나누어 인형극제 공연을 하고, 저녁에는 지방 행사 공연에 모시기 어려운 귀한 분들을 초청해서 특별 공연을 열었다. 김덕수 사물놀이패, 안숙선 명창, 한국 무용가 공옥진, 서울심포니에타와 김영준 선생, 남사당패 등 유명 예술가들이 춘천인형극제를 위해 출연료도 받지 않고 공연을 해주셨던 것이다. 그것도 춘천까지 와서 공연을 해주

춘천인형극제 홍보 포스터(1~3회)

셨기에 더욱더 특별하고 감동적이었다. 이 자리를 빌려 다시 한 번 감사의 마음을 전하고 싶다.

나에게는 관객을 모으는 일 외에 다른 복안도 있었다. 전국에서 참가한 인형극 단원들만 해도 수백 명에 달했다. 인형극축제는 아이들을 위한 공연인 동시에 인형극 단원들을 위한 축제의 장이기도 하다. 오로지 열정만으로 인형극축제를 위해 전국에서 달려와 공연하는 인형극 단원들에게 좋은 공연을 볼 수 있는 기회를 주는 것도 의미 있는 일이라고 생각했다. 정상급 무대를 접할 기회가 없는 단원들에게는 직접 그 무대를 보는 것만으로도 신선한 자극이 될 수 있다. 나는 무대 매너가 됐든 몸짓이든 어느 것 하나라도 배움을 얻고 동기 부여가 된다면, 인형극축제의 수준을 높이는 데도 한몫하게 될 거라고 믿었다.

춘천시에서 서울까지 요소요소에 현수막이 걸렸고, 춘천 시내에는 정연종 디자이너가 직접 디자인한 포스터와 마스코트가 설치되어 시민들의 이목을 끌었다. 언론에서도 행사 포스터와 마스코트를 소개하며 인형극축제를 보도하기 시작했다. 춘천 시민은 물론 공연자들, 공연을 보러 오는 관람객들에게는 새롭게 시도되는 춘천인형극 축제가 문화적 충격으로 다가오기에 충분했다. 주관하는 나는 물론이고, 우리 집행위원들 모두가 놀랐다.

그렇게 하루 이틀 지나면서 변화가 일어났다. 관람을 올 것이라고 기대했던 춘천 시민들의 발걸음은 이어지지 않았지만, 원주와 강릉, 서울, 심지어 제주에서도 관객들이 찾아오기 시작했다. 평론가 구히서 씨가 〈일간 스포츠〉에 춘천인형극제 특집 칼럼을 쓴 것을 계기로 중앙 일간지 여러 곳에서 기사를 받아쓰면서 춘천인형극제가 전국적인 관심사로 떠오른 결과였다.

춘천어린이회관 앞으로 전국 각지의 사람들이 모여드는 광경을 본 춘천 시민들은 그제야 관심을 보이기 시작했다.

"인형극이란 게 그렇게 재미있나?"

"유명한 사람들 공연도 있다는데?"

"어른들을 위한 공연도 있다던데?"

"우리도 한번 가볼까?"

공연장을 다녀간 사람들 입을 통해서 특별 공연이 볼만하다는 소문도 퍼져 나갔다. 이렇게 해서 객석은 하나둘 채워지고, 문화 불모지 춘천에도 서서히 새바람이 일기 시작했다.

나는 집행위원들과 함께 춘천인형극제를 애초에 목표로 했던 자생력과 지속 가능성을 갖춘 행사로 정착시킬 방안을 모색했다. 이를 통해 아마추어 인형극 동아리, 청소년 및 대학 인형극단 등을 대상으로 한 인형극 경연대회를 개최하는 한편, 인형극 단원 양성 프로그램을 개발하기도 했다.

집행위원들의 인맥은 춘천인형극제의 수준을 끌어올리는 동력이 되어 주었다. 우리는 1년에 한 번, 행사 기간 중에 인형극 포럼을 실시하여 더 좋은 인형극제, 좀 더 의미 있는 축제의 장으로 행사를 이끌어 갈 방법을 연구했다. 공연 분야의 권위 있는 교수들을 선정하여 국제 인형극제로 정착하기 위한 춘천인형극제의 현주소를 객관적으로 평가하기 위한 세미나를 열기도 했다.

춘천인형극제는 회를 거듭하면서 인형극단들만의 축제가 아닌, 춘천시와 강원도민의 문화적 긍지를 드높이는 행사로 자리매김하게 되었다. 해마다 여름이면 조용한 호반의 도시 춘천은 인형극단들의 화려한 거리 퍼레이드로 성황을 이룬다. 지역 주민들의 호응도 날이 갈수록 높아져 갔다.

1997년 춘천인형극제는 정부가 엄선한 전국 최우수 축제로 선정되었다. 춘천인형극제가 시작되고 7년 만의 쾌거였다. 춘천시는 전국 최우수 문화예술 도시로 선정되어 포상금으로 받은 30억 원을 인형극장 지원 예산으로 받았다. 여기에 강원도에서 20억 원, 춘천시에서 20억 원을 지원해서 도합 70억 원짜리 인형극 전용 극장이 건립되었다. 정부 차원의 적극적인 지원도 이뤄지면서 춘천인형극제는 춘천시가 주관하게 되었고, 춘천인형극축제 예산을 중앙 정부(문화공보부)가 후원하여 지속적인 축제로 자리 잡게 되었다.

이제 춘천인형극제는 명실공히 지속 가능한 자생력 있는 문화 행사로 뿌리를 내린 덕분에 춘천시 예산을 마임축제 등으로 돌려 지역 문화의 지평을 확대하는 데 일익을 담당하게 되었다. 사단 법인 춘천인형극제 집행위원회가 설립된 것을 계기로 바른손은 춘천인형극제와 무관한 기업이 되었으나, 나로서는 소기의 목적을 달성했다는 것만으로 충분히 보람을 느꼈다.

몸은 고달파도 마음만은 늘 즐겁고 행복했던 시절이었다. 한 달에 보름은 춘천에 머물렀던 것 같다. 내가 좋아하는 일을 실력이 탁월한 다방면의 전문가들과 함께 호흡을 맞춰서 일한다는 기쁨, 그 좋은 행사가 내가 사랑하는 아름다운 호반의 도시 춘천에서 열린다는 것이 꿈만 같았다.

해마다 춘천인형극제 시즌이 다가오면 청량리에서 출발하는 경춘선 특별 열차가 행사 포스터를 휘감고 달렸다. 평상시에도 춘천에 가면 인형극제 캐릭터 장식을 단 시내버스를 볼 수 있다. 공원마다 다양한 캐릭터 조각상 앞에서 사진을 찍고 좋아하는 아이들 모습이 춘천의 자연스런 풍경이 된 지도 오래다.

무엇보다 나를 행복하게 해주는 건 춘천의 달라진 모습이다. 어떤 사람들에게는 과거의 춘천이 물 위에 뜬 도시 같았을 수도 있다. 생활에 찌든 일상에 지쳐 문득문득 어디론가 훌쩍 떠나고 싶게 만드는 도시에서는 자연의 아름다움도 제빛을 잃기 마련이다.

이제 춘천은 사람들이 찾아오는 낭만의 도시, 동화의 도시, 축제의 도시가 되었다. 그러한 변화의 중심에 해마다 780회 이상의 공연이 펼쳐지는 춘천인형극제가 있다는 사실이 지금도 내 마음을 설레게 한다.

춘천인형극제가 31회를 넘어설 정도로 지속 가능한 문화행사로 정착하는 데 큰 역할을 하신 초기 집행위원들께 무한한 감사의 마음을 전한다. 그리고 30년이 지난 지금도 더욱 새로워지는 축제가 되고, 인형극축제를 찾는 관객들에게 감동을 주는 행사로 발전해 나가기를 기원한다.

4

필요조건에 충분조건 더하기

나는 4남 2녀 중 4남으로 태어났다. 아래로 여동생이 있었지만, 네 아들 중 막내가 되어 막내 취급을 받았다.

어머니가 장터에 가실 때면 종종 나를 데리고 가셨다. 어머니가 닭 모이로 쓸 시래기나 다듬고 버린 배춧잎 따위를 주워 담은 봉지를 들고 다니는 게 내 일이었다. 학교가 파하면 집 마루에 책가방을 던져 놓기 바쁘게 바깥으로 내빼곤 하던 나는 장터에 가자고 하시는 어머니의 말씀에는 군말 없이 따라나섰다. 장바구니를 들어 준 상으로 어머니가 사 주시는 붕어빵 먹는 재미가 쏠쏠했기 때문이다.

더운 여름날 장에 가면 어머니는 식구 수에 맞춰 참외를 사셨다. 워낙 알뜰한 분이라 참외 하나를 살 때도 시간이 남들보다 많이 걸렸다. 제일 달고 좋은 걸 고르시느라 콧등에 땀이 송골송골 맺힐 정도로 이것저것 냄새를 맡고 또 맡아본 연후에야 장바구니에 참외를 담았다.

저녁에 식구들끼리 둘러앉아 어머니가 참외를 하나씩 고르라고 하면 손이 빠른 형제들은 냄새가 단 참외를 고르느라 바빴다. 어머니가 고르고 골라서 맛은 먹어보나 마나 어느 것 하나 실패하지 않을 게 뻔했다. 이럴 때는 무조건 제일 큰 걸 집는 게 유리하다.

"야, 너는 맛있는 참외를 골라야지. 무조건 크다고 맛있는 줄 아냐."

짓궂은 형들은 웃으면서 내게 꿀밤을 먹였고, 어머니는 빙그레 웃기만 하셨다. 어머니의 코끝을 거쳐서 고른 참외이니 모두가 달다. 그러면 그것 중에 큰 것을 집는 것이 옳다는 뜻이다. 막내가 참외를 제대로 골랐다는 걸 인정해 주시는 무언의 칭찬이다. 어머니와 눈이 마주치는 짧은 순간 기분이 그렇게 좋을 수가 없었다. 역시나 내가 고른 참외는 필요충분조건을 다 갖추었다. 크기만 한 게 아니라, 달고 맛이 있었다. 어머니와 둘만의 비밀을 공유하고 있다는 즐거움이 달고 맛있는 참외보다 더 진한 쾌감을 안겨주기도 했다.

초등학교 시절에도 어머니가 아프셨다. 몸이 아프시니 늘 집에 계시고, 집에 계시니 입맛이 없어 호떡이나 순대 등 간식을 좋아하셨다. 어머니께서 나에게 심부름을 시키시면, 나는 거리가 아무리 멀더라도 춘천에서 가장 맛있는 집을 찾아가 바로 구워 나온 뜨거운 음식을 식을세라 보온 덮개로 싸서 집으로 뛰어왔다. 그렇게 사 온 음식을 다시 데워서 어머니에게 드렸다. 나는 어머니께서 음식을 맛있게 드시는 모습을 지켜보는 것만으로도 기분이 좋았다. 어머니는 그런 나에게 음식을 사 오느라 애썼다며 고맙게 생각하셨다. 맛있는 것은 필요조건이고, 갓 구워낸 음식처럼 뜨거운 음식을 먹는 것은 충분조건이다. 두 조건이 만족하면 모두가 만족할 수 있다.

학창 시절, 나는 다른 과목에 비해 수학을 좋아했다. 삶이란 수학 문제를 풀어내는 일과 같아서 수학을 좋아하는 사람은 인생을 합리적으로 살아갈 수 있다는 믿음을 가지고 있기도 하다.

결혼이든 취업이든 주식투자든, 어떤 일을 하려면 반드시 충족되어야 할 그 무엇, 바로 내 환경과 상황이 나에게 주어진 필요조건이다. 결혼 상대를 선택할 때도 사람마다 원하는 필요조건이 있다. 아버지는 평소 입버릇처럼 부모 산소를 명당에 모셔야 후손이 번창한다고 말씀하셨다. 돌아가신 뒤에는 당신 뜻대로 용하다는 풍수가가 점지해 준 자리에 묻히셨다.

나는 자식이 잘 되려면 좋은 유전자를 가진 부모를 만나는 게 중요하다고 믿었다. 이를테면, 그것이 내가 생각하는 결혼의 필요조건이었다. 혹자는 묻는다.

"당신은 학벌 지상주의자입니까?"

그렇지는 않다. 집안이 가난해서, 또는 다른 피치 못할 사정으로 초등학교밖에 졸업하지 못했어도 전교 1%에 들면, 그는 머리 좋은 사람이다. 반면에 집안도 좋고 충분한 재력을 갖추었으면서도 좋은 학벌을 갖지 못한 사람은 지능지수가 뛰어나지 못한 것으로 읽힌다.

또 다른 사람은 묻는다.

"외모, 성격, 재력 등 다른 조건은 다 마음에 드는데, 머리가 조금 나쁜 상대라면 어떻게 하시겠습니까?"

전자는 충분한 조건일 뿐이다. 충분조건이 갖춰지지 않아도 이해와 배려라는 이차함수를 통해 인생의 수학 문제를 풀 수는 있다. 그러나 처음부터 필요조건에 어긋나면 문제를 풀 길이 막막할 수밖에 없다. 어쩌다 내가 필요충분조건에 모두 부합되는 지금의 아내를 맞이한 건 행운 중의 행운일 수밖에 없다. 엄마의 좋은 유전자를 물려받은 아이들이 잘 자라 주는 것만으로도 내겐 고마운 일이니 말이다.

필요조건은 각자의 목적에 따라 달라진다. 가령 예술에 문외한인 사람이 문화행사를 성공시키려면 문화예술 전문가를 찾아가 조언을 듣는 게 필요조건이다.

필요조건에 충분조건이 더해지면 금상첨화다. 반드시 충족되어야 할 조건은 아니더라도 그것이 갖춰지면 필요조건의 가치를 더해 주는 것이 충분조건이다. 앞서 말한 예술에 문외한인 사람에게 함께 일할 수 있는 문화예술 전문가뿐만 아니라, 후원자까지 생긴다면 필요충분조건이 갖춰지는 것과 같다.

프로 비즈니스의 성패는 얼마나 필요조건에 충실한가에 따라서 희비가 엇갈린다. 원활한 협상이 이루어지려면 상호 필요한 조건이 충족되어야 한다. 충분한 조건만 가지고는 절대로 협상이 안 된다.

아마추어들은 항상 충분한 조건에만 매달린다. 자신이 원하는 일을 완벽하게 달성하려면 먼저 필요조건을 충족시켜야 한다. 제사보다 젯밥에 눈이 어두워서는 될 일도 안 된다. 사업도 마찬가지다. 그 분야에서 가장 성공한 쪽을 벤치마킹하는 것이 성공의 필요충분조건이다.

나는 어떤 일을 하더라도 최고의 전문가를 찾아내서 멘토로 삼아 왔다. 대학 시절의 명사 초청 강연회에 와 주신 한국의 명사 열분과 연극 공연을 도와주신 이해랑 선생, 전문 건설업체 대표 시절의 건축가 김수근 선생, 장세양 소장, 이종호 교수, 강준혁 선생, 구희서 선생, 바른손 대표이사로 M&A를 주도할 당시의 공병호 박사, ㈜이브자리의 새로운 브랜드 론칭 사업을 주도할 당시의 손혜원 전 크로스포인트 대표 등이 그분들이다. 그리고 은퇴 후 블루베리 농사를 선택하고 제2의 인생을 시작할 때, 서울대학교 명예교수였던 이병일 박사를 멘토로 모시고 조언을 들었다.

그분들은 나 같은 보통 사람, 평범한 사람이 쉽게 만날 수 있는 상대가 결코 아니었다. 그러나 내가 할 수 있는 모든 노력을 다해 전문가들에게 도움을 청하고 함께한 결과, 필요조건에 충분조건을 더한 최고의 성과를 달성할 수 있었다.

상대가 내 일에 적합한 필요조건을 갖췄다고 판단되면 그만한 노력과 희생, 시간을 투자할 각오가 되어 있어야 한다. 나는 상대가 전문가라고 해서 맹신하지는 않는다. 설령 어떤 일을 의뢰했다고 하더라도 결과만 기다리지 않는다. 일일이 체크하고, 참견하고, 묻고 또 묻고, 계속해서 아이디어를 이끌어낸다. 과정 하나하나가 완벽하다고 판단될 때까지 질문을 멈추지 않는다. 문제의 본질에 다가가려는 준비가 먼저이고, 벤치마킹은 그다음이다.

그리고 내가 생각한 결과에 못 미치면 또 다른 전문가를 찾는 노력을 기울여야 한다. 훌륭한 전문가를 찾는 일은 뛰어난 성과를 보장받을 수 있는 안전한 보험이다.

소통 : 진심은 통한다

4장

PROJECT COORDINATOR

1

어떤 선택을 할 것인가?

어느 날, 친구와 함께 차를 타고 강원도 백담사를 지나던 중 식사를 하려고 국도변 휴게소 설렁탕집에 차를 세웠다. 지금은 설렁탕집으로 변했지만, 사실 이곳은 내가 오래 전에 공사를 맡아 지었던 백담휴게소 건물이다.

30년 전, 건축 일을 그만두기로 결정하고 사업을 정리하던 시기에 맡았던 공사였다. 수주한 공사를 끝내고 공사비를 정산하는 과정에서 손해를 많이 본 탓에 두 번 다시 떠올리기 싫은 현장으로 내 기억에 남아 있다.

건축주는 대학 선배였다. 내 딴에는 건물을 더 멋지게 지어 주고 싶은 욕심에 원래는 작은 창문으로 설계된 창을 대형 통유리로 바꿨다. 당시로서는 새로운 시도였다. 자재도 최상품을 사용했다. 설계자가 그린 도면 그대로 시공을 하자니, 국도변의 흔하디흔한 휴게소 건물이라서 내 눈높이에 한참이나 부족했다. 평범한 휴게소 건물을 짓고 말기에는 아쉬운 점이 너무 많다고 느껴졌다. 우선 지방까지 내려와서 평범한 휴게소를 짓기에는 내

시간도 아깝고, 기왕이면 백담사 입구에 멋진 건물을 짓고 싶은 욕심도 들었기 때문이다.

그러나 주변의 풍광이 좋다고는 하나, 평범한 국도변에 자리 잡은 휴게소에 불과했다. 통유리를 달든 작은 창문을 만들든, 차를 타고 오가면서 그걸 알아보고 느낄 수 있는 사람들이 얼마나 될까 싶었다. 게다가 내가 지었다고 자랑할 수 있는 건물도 아니었다.

그래도 자꾸 손이 가는 건 어쩔 수 없는 성격 탓인지도 모른다. 사소한 것 하나라도 완성도를 더 높여서 최대한 좋은 공간으로 꾸며 주고 싶었다. 그러려면 설계 변경도 필요하고 좋은 자재를 써야 하는데, 그로 인한 경제적 부담은 나에게 돌아온다. 그러다 보니 늘어나는 공사비에 손해도 많이 보았고, 건축주와 갈등도 빚었다.

그로부터 30여 년이 지나 이 자리에 서고 보니, 만감이 교차했다. 그냥 지나치기 아쉬워 친구와 함께 휴게소 식당으로 들어갔다. 설렁탕을 먹으려는 건 아니고 건물을 구경하러 왔다고 양해를 구했더니, 주인은 선선히 건물 안내를 자청했다.

"이 건물, 참 잘 지었어요. 그렇죠?"

식당 주인의 물음에 나는 적잖이 당황스러웠다. 식당 주인은 계약하기 전에 여러 번 와 봤는데, 이렇게 잘 지은 건물을 본 적이 없어서 매입을 결심했다면서 그는 약간 들뜬 음성으로 설명을 덧붙였다.

"지은 지 20년이 넘었는데, 한번 보세요. 벽에 금 간 곳이 하나도 없어요. 나무 계단인데도 삐걱거리는 소리가 안 나는 것도 신기하고…."

비록 짧은 기간이었지만, 김수근 선생과 함께 작업했던 빛나는 3년간의 경험이 있었기에, 20년이 지나서도 이런 칭찬을 들을 수 있는 것이리라.

친구는 식당 주인의 찬사에 나 보란 듯 빙그레 미소를 지어 보였다. 그러고는 한 마디를 보태며 나를 가리켰다.

"이 건물을 지은 사람이 바로 이 친구랍니다."

"예?"

식당 주인이 놀라면서 눈을 동그랗게 뜨고는 나를 쳐다보았다. 나이는 30대 중반쯤 될까? 춘천에, 강원도에 아름다운 집을 하나라도 더 짓겠다고 뛰어다니던 열혈 건축인 시절의 나와 비슷한 연배였다.

"이렇게 근사한 집을 지어 주신 분을 직접 뵙게 되다니 영광입니다."

내게는 그렇게 자랑할 만한 건물도 아닌데, 그날 나는 식당 주인으로부터 감사의 표시로 설렁탕을 대접 받는 호사를 누리기도 했다. 비록 설렁탕 한 그릇이었지만, 까마득히 잊고 살았던 수십 년 전의 스트레스를 단번에 녹여 주는 순간이었다. 그와 동시에 불현 듯 이런 생각이 들었다.

'만일 그때로 다시 돌아간다면, 나는 어떤 선택을 하게 될까?'

일의 완성도를 높이기 위해서라면 물불을 안 가리는 내 성격상 그때로 돌아간다고 해도 결정이 바뀌지는 않을 것이라 생각하니, 나도 모르게 미소를 짓게 된다.

내가 김수근 선생과 함께 일하면서 배운 것 중 하나는 설문지를 활용하는 방법이다. 건축 현장에 갈 때 내가 제일 먼저 챙기는 건 20~30개의 문항으로 이루어진 설문지였다.

나는 건축주(집주인)의 과거와 현재, 가족에게서 그려질 수 있는 미래의 모습 그리고 앞으로 10년, 20년을 어떻게 사용할 것인지에 대한 계획을 묻고 완전히 숙지한 상태에서 작업에 들어가곤 했다. 설문 조사를 통해서 파악한 집주인의 특성에 맞지 않는다고 판단되면, 내가 생각한 대로 설계를 변경하자고 제안하는 일도 종종 있었다. 건축에 관한 한 공사비는 필요조건인데, 언제나 충분조건을 내세웠다.

때로는 설계자가 집주인의 요구에 따라 설계한 것을 몇 번이고 수정하는 일도 있었다. 그럴 때마다 설계자는 일이 많아진다고 불만이고, 집주인은 비용이 추가된 것에 불만을 품고 얼굴을 붉히는데도 나는 더 좋은 집이 될 때까지 고치고 또 고쳤다. 건축주가 해 달라는 대로 하면 될 것을, 내가 왜 더 애를 태우고 힘들어했는지 모르겠다.

그렇게 애를 써서 집을 지어도 고맙다는 소리는커녕 건축비 문제로 집주인의 원망을 듣는 일도 허다했다. 그러다 결국 내 주머니에서 비용을 지출하는 상황도 벌어졌지만, 다음번에 또 같은 문제가 생기면 여지없이 설계를 수정하곤 했다.

지금에 와서 돌이켜보면, 아름다운 집에 대한 나 혼자만의 짝사랑이었던 것 같다. 한 개인이 도시의 문화를 바꾸려고 했으니, 무모한 행동이었다는 점에는 동의한다. 하지만 그런 무모함의 가치를 알아주는 이가 있었기에, 건축에 대한 내 열정은 식지 않고 지속될 수 있었다. 그리고 수십 년의 세월이 흘러 평범한 식당 주인으로부터 듣는 찬사가 막혔던 가슴이 확 뚫리게 해주었다. 그때의 선택이 틀리지 않았음을 확인하는 것만으로도 지난날의 고충을 보상받은 느낌이랄까.

설문지를 활용하는 습관은 바른손에 가서도, 이브자리에서도 열심히 활용했다. 한 번 배운 걸 평생 사용해도 좋을 만큼 김수근 선생의 작업 방식은 본받을 점이 많았다. 설문지는 내가 해결해 가야 할 방향과 해결책에 주어진 조건을 제시해 주었다. 또한 그 조건을 바탕으로 무에서 유를 창조했고, 침체된 나를 한 단계 높여 주는 역할을 했다. 무엇보다도 그 결과는 두고두고 긴 시간 동안 만족할 수 있었다.

김수근 선생에게 설문지는 완성도를 높이는 성과를 내기 위해 반드시 거쳐야 할 필수 과정이었다. 그리고 그 설문지는 건축주가 살아가는 중장기 계획이 있고, 그것이 설계에 반영되어 집이 완성되면서 그 집에 사는 사람의 20년, 30년 후의 모습이 계획되어 간다. 나는 그 안에 고객의 니즈, 건축가로서 해야 할 일의 본질이 담겨 있다고 믿었다.

사람들은 진실은 언젠가 통한다고 하는 평범한 진리를 종종 잊곤 한다. 어느 업에 종사하든 일의 기본은 상대방이 필요로 하는 것에 먼저 귀를 기울여야 한다는 점이다. 이것이야말로 일의 필요조건이고, 일의 완성도를 높일 수 있는 당연한 순서일 것이다.

나에게 있어 설문지는 현재 주어진 조건이 무엇인지, 어떤 것이 우선순위인지, 필요조건은 무엇이고 충분조건은 무엇인지, 10년 20년 후에는 이 작업의 결과물이 어떻게 되어 있을지를 알려 주는 바로미터와 같았다. 이후로 내가 어디에서 무슨 일을 하건, 설문지를 활용하는 방법은 내 인생의 이정표가 되었다.

2

건축주와 설계자의 동상이몽

나는 1980년대 후반에 '바른손'에 왔고, 처음 맡은 일은 춘천 어린이회관 운영 업무였다. 그리고 뒤이어 '춘천인형극제' 집행위원으로 참여해 글로벌 축제로 만드는 일에 몰두했다. 나를 비롯한 집행위원들의 노력이 결실을 맺어 춘천인형극제가 자리를 잡으면서 다시 바른손 업무에 집중할 수 있었다. 총무부장, 생산관리부장, 영업부장을 맡아 일하면서 바쁜 시간을 보냈다. 그리고 1990년대 초반, 나는 바른손의 사옥 건축 책임자인 동시에 관리이사를 맡아 일하게 되었다.

바른손 박 회장이 사옥 건축을 염두에 두고 매입한 부지는 사당동 중고가구 거리에 있었다. 당시만 해도 부지 주변은 무허가 건물이 난립한 상태였다. 군데군데 천막 지붕을 얹은 집도 많았다. 나를 비롯해 회사 임원들은 이런 곳에 사옥을 짓는 건 적합하지 않다는 의견이었다. 그런데 건축가들이 보기에는 입지 조건이 썩 나쁘지 않았던 모양이다. 설계를 맡을 공간건축 소장들은 이런 낙후된 지역에 좋은 건축물이 들어서면 아름다운 거리로 바

바른손 용두리 주택 전경(외부)

뀐다며 우리에게 사명감을 불어넣었다.

우선 내가 맡은 임무는 설계자를 선정하는 일이었다. 장세양 소장, 승효상 소장, 유춘수 소장 등 공간건축 사람들을 염두에 두고 그들이 설계한 건물을 일일이 돌아본 결과를 토대로 보고서를 작성해서 올렸다. 나는 객관적인 자료만 제공하고, 선택은 박 회장 몫이었다. 그런데 보고서를 다 훑어본 박 회장은 가타부타 말이 없었다. 다른 설계자를 염두에 둔 것일 수도 있기에 보고서만 두고 나왔다.

당시 구파발에는 바른손에서 아름답게 가꾸어 놓은 용두리 농원이 있었다. 경관이 좋은 곳에 농가 주택을 새로 지을 계획으로 잔디밭과 항아리 등의 소품을 활용해 잘 꾸며 놓았는데, 직원들을 위한 야외 행사장 및 회의장, 휴식 공간으로도 사용되는 곳이었다. 조경이 잘 되어 있는데다 박 회장이 우리나라 전통 항아리

등 다양한 장식품을 설치하여 아름답게 꾸며 놓아서 농장 정원치
고는 경관이 뛰어났다. 그렇다 보니, 주말에는 직원들의 결혼식
행사가 열리곤 했다.

무악재 넘어 고갯길에는 서울시 미래 유산으로 등재된 불광동
성당이 있었다. 수직으로 잘게 나눠진 벽채를 따라 경사진 지붕
이 가운데로 합쳐지면서 양손을 모아 기도하는 모습을 연상케 하
는 붉은 벽돌 성당은 김수근 선생의 작품으로 알려져 있으나, 설
계 실무는 공간건축 신현학 소장이 맡아서 했다. 바른손 농원을
오가려면 불광동 성당을 지나가야 하는데, 하루는 박 회장이 불
광동 성당 이야기를 꺼냈다.

"불광동 성당 설계를 공간건축에서 했다는데, 누구지?"

신 소장에 대한 궁금증을 내비치던 박 회장이 설계자를 한 번
만나보고 싶다는 뜻을 밝혔다. 불광동 성당을 설계한 신 소장을

염두에 두고 있는 듯했다. 나는 곧바로 신 소장과 박 회장의 면담을 주선했다. 신 소장을 직접 만나 이야기를 나눠 보고는 통하는 바가 있었던지, 박 회장은 그에게 사옥 설계를 의뢰했다. 이렇게 해서 바른손 사옥 건축의 기본 계획이 실행에 옮겨지게 되었다.

얼마 후, 신 소장이 만든 바른손 설계 시안을 받았다. 모두 일곱 개였다. 처음부터 일곱 개를 다 만든 건 아니고, 박 회장이 명확한 결정을 내리지 않는 바람에 시안이 하나씩 늘어나게 된 것이다.

나는 네 번째 시안을 받을 때까지 일체 개입하지 않았다. 서로 이견이 있더라도 내가 왈가왈부할 문제는 아니라고 생각했기 때문이다. 박 회장은 네 번째 시안도 마음에 안 드는 눈치였다. 디자인 회사 건물은 뭔가 달라야 하는데, 설계 시안은 너무 점잖다는 게 이유였다. 비슷한 이유로 다섯 번째 시안도 받아들여지지 않았다.

내가 보기에 신 소장은 훌륭한 건축가였다. 실력이 모자라서 번번이 퇴짜를 맞는 것은 아닌데, 건축에 대한 생각이 바른손 박 회장과는 달랐기 때문이다. 그로 인해 사옥 건축은 제자리만 맴돌고 있었다.

공간건축 건축가들의 고집은 곧 자존심인데, 건축주가 이래라저래라 한다고 들어줄 리가 없었다. 바른손 박 회장은 자기 나름의 이유로 설계를 달리해 주기를 원했지만, 이견이 좁혀질 기미가 전혀 안 보이는 상황이 계속됐다. 이유를 알면서 계속 지켜보고만 있는 것도 난처한 노릇이라 디자인이 박 회장의 취향과는 맞지 않는 것 같다고 신 소장에게 넌지시 귀띔을 해주었다.

내 딴에는 어렵게 전한 말이었으나, 그런다고 해서 달라지는 건 없었다. 여섯 번째 시안도 불통, 일곱 번째 시안에 가서는 설계자와 건축주가 설전을 벌이는 상황까지 벌어졌다. 박 회장의 가장 큰 불만은 설계가 디자인 회사인 바른손답지 않다는 점이었다. 그러자 신 소장이 자신의 생각을 밝히며 반박하던 모습이 아직도 생생하다.

"도시에 세워지는 건축물은 공공 건물입니다. 바른손 사옥이라고 해서 영원히 바른손의 건물이 될 수는 없습니다. 중간에 돈을 많이 벌면 더 큰 건물로 갈 것이고, 다음에 이 건물을 사용할 사람도 디자인 업체를 운영하리라는 보장은 없지 않습니까?"

사옥이라 하더라도 건물을 한 번 지어 놓으면 50년, 100년 그 이상 이어지기 때문에 그 회사가 영원히 가질 수 없다는 말이었다.

"다른 사람이 이 건물을 사서 들어올 때, 그에게도 괜찮은 건물이 되어야 합니다. 주인이 바뀔 수도 있는데, 개인의 취향만을 따르는 것은 공익에도 맞지 않습니다."

이러한 신 소장의 주장에 박 회장은 당황하는 기색을 감추지 못했다.

건축물을 설계할 때 공공성을 우선시하려는 사고방식은 공간건축 사람들의 공통적인 특성이기도 했다. 서로 간의 팽팽한 의견 대립 끝에, 결국 계약을 파기하는 것으로 마무리가 되고 말았다.

어쩌면 개인의 취향과 공공성은 양립할 수 없는 명제일 수도 있다. 나는 신 소장의 소신에 반대할 생각은 없었다. 그도 옳고 바른손 박 회장의 주장도 옳았다. 다만, 서로가 생각의 차이를 좁히지 못했을 뿐이었다.

만약 신 소장의 주장에 따라 사옥을 지었더라면, 어떤 모습을 보여주었을까? 모르긴 몰라도 불광동 성당 못지않은 또 하나의 걸작이 탄생했을 것이다. 물론 이종호 교수가 설계한 바른손 사옥과는 완전히 다른 모습이겠지만 말이다. 지금은 다른 회사 로고가 붙은 옛 바른손 사옥을 떠올리다 불쑥 그때의 일들이 머릿속을 스쳐 지나간다.

'한 사람이 영원히 소유할 수 있는 건물은 없다.'는 건축가의 말. 그러나 '건물은 아름다워야 한다.'는 건축주의 말. 둘 다 맞는 말이다. 결국 건물은 공공을 위한 시설이고, 공공의 건물은 아름다워야 하니까 말이다. '특별한 건물'을 요구한 건축주와 '아름답지만 공공성을 가진 건물'을 요구한 건축가 두 사람 모두 옳다. 그런 분들이 있어서 도시의 건축물에 생명력을 불어넣고, 도시는 살아 움직인다.

3

예술과 실용 사이에서

이종호 교수에게 사옥 설계를 의뢰하게 된 배경에는 남다른
사연이 있었다. 공간건축 소장들 대부분이 독립하고 젊은
이종호가 메타건축 소장으로 근무하던 시절의 이야기다.

신 소장과 진행했던 계약이 무산된 뒤, 설계자를 다시 찾아야
할 임무가 내게 떨어졌다. 지난번과 같은 일은 없어야 하겠기에,
나는 박 회장과의 면담이 있기 전에 이종호 소장에게 몇 가지 언
질을 주었다. 박 회장의 취향에 관한 대략적인 이야기였다. 그가
구파발에 농가 주택을 짓고 나중에 들어가 살 계획을 가지고 있
다는 말도 해주었다.

면담 당일, 이종호 실장은 현대식 초가집으로 설계한 30평짜리
농가주택 모형을 회장 선물로 가져왔다. 말 그대로 그저 얼굴이
나 보자는 식의 간단한 미팅 자리였는데, 설계를 맡기기도 전에
선물을 가져온 것이다.

그런데 이 모형이 까다로운 박 회장을 단박에 매료시켰다. 내
가 보기에도 당장 그대로 집을 지어도 될 만큼 매력적인 모형이

었다. 즉석에서 계약이 성사되었다.

일반적으로 건물 설계 기간을 대략 6개월로 잡는다. 이종호 소장과 같은 사무실에서 일하는 건축가 양남철 소장이 한 팀으로 참여해서 설계를 맡았다. 양남철 소장이 예술성이 강한 건축가라면, 이종호 소장은 이성적이고 논리적인 건축가라고 할 수 있었다. 이 두 사람의 특성을 합치면 딱 김수근 선생 스타일이었다.

예술성을 중시하는 건축가와 논리에 강한 건축가가 한 팀이 되어 서로의 취약점을 보완할 수 있다면, 그게 바로 융합이고 상생이다. 대한민국 건축대전 수상자로 공간건축에 특채된 선후배 사이이기도 한 두 사람은 종종 아웅다웅해도 누구보다 친한 형 동생으로 지냈다.

실제로 둘은 환상의 파트너였다. 겉으로는 티격태격하면서도 정확히 6개월 만에 설계도를 완성해서 가져왔다. 바른손 박 회장은 매우 흡족해하면서 그 자리에서 결정했다.

사실 나는 두 사람과 가까운 사이였으나 선뜻 좋다는 말이 나오지는 않았다. 좋은 건물은 실용성과 아름다움을 겸비해야 한다는 게 평소 내가 가진 건축에 대한 생각이었기 때문이다. 실제로도 실용성에 치우친 건물은 아름다움을 놓치기 쉽고, 아름다움만을 중시한 건물은 실용성이 떨어진다.

두 사람이 협업해서 가져온 설계도는 아름다움에 치우쳐 실용적이지 못한 부분을 많이 놓쳤다는 판단이 들었다. 결과적으로 건축비는 많이 들고, 실용성은 떨어지는 건물이 지어질 우려가

있었다. 하지만 미적인 면에서는 더없이 훌륭한 설계도인 것만
은 분명했다. 디자인에 일가견이 있는 바른손 박 회장은 창의적
이고 새로운 부분, 미적인 부분에 주안점을 두었다.

"내가 이 건물을 안 쓰게 되더라도 이런 취향을 좋아하는 사람
이 있지 않을까?"

전에 신 소장이 했던 말을 의식한 박 회장의 반문이었다. 설사
주인이 바뀌더라도 같은 취향을 가진 사람이 나타나지 말란 법은
없다. 박 회장의 생각에 나도 동의했다.

건물주가 공공성까지 염두에 두고 건축비를 투자할 의무는 없
다. 실용적인 면이 다소 떨어지더라도 아름다움을 추구한다면,
설계자는 마땅히 그 취향을 존중해 주는 게 옳다고 생각했다.

실제로 바른손 사옥을 매각할 때 같은 취향을 가진 사람이 나
타났다. 상대는 의류 회사의 대표였다. 바른손 사옥을 지날 때마
다 건물의 아름다움에 흠뻑 빠졌다는 그는 '나중에 저 건물이 매
물로 나오면 나한테 알려 달라.'라고 부동산중개인에게 특별히
부탁했다고 한다. 그리고 10년이나 기다린 끝에 건물의 새 주인
이 되었다.

퇴사하고 20년이 지났음에도 바른손 사옥은 내게 여전히 각별
한 의미로 남아 있다. 내가 생각하는 아름답고 완성도 높은 건물
을 짓기까지 수많은 우여곡절이 있었다. 시공 업체 선정에서부
터 현장 관리까지 어느 것 하나 쉬운 게 없었다. 회사에서 좋은
소릴 듣는 것도 아닌데, 건물이 완공될 때까지 잠 한 번 편히 잔

적이 없을 정도로 공사 현장 관리에 매달렸다.

"이사님은 대체 어떤 사옥을 지으려고 이렇게까지 하십니까?"

한 번은 현장소장 중 한 사람이 내게 볼멘소리를 했다. 본사에서 현장 관리를 너무 빡빡하게 한다는 뜻에서 하는 말이었다. 그 순간 나는 안도 다다오의 건축물을 보면서 느낀 감상을 떠올렸다.

오십 년, 백 년이 지나도 흠잡을 데 없는 완성도 높은 건물을 짓고 싶었다. 새 건물이지만 오래된 건물의 풍미가 느껴지는 디자인, 오래된 건물임에도 새 건물처럼 세련된 소재를 사용하여 시공을 초월한 느낌을 주는, 아무리 오랜 세월이 지나도 싫증이 나지 않는 건축물 말이다.

나는 바른손 사옥이 자랑할 만한 아름답고 완성도 높은 건물이라고 자부한다. 내게는 건축의 열정을 모두 쏟아 부은 분신 같은 건물이다. 퇴사한 후로도 사람을 만날 일이 있으면 일부러 그쪽으로 약속을 잡곤 한다. 그렇게라도 가까이 가보고 싶은 마음이 들었으나, 내 걸음은 늘 1층 커피숍까지였다.

지난봄에는 20년 만에 처음으로 건물 안을 돌아볼 기회가 있었다. 강산이 두 번이나 바뀌는 시간이 흐른 지금에 와서 봐도 역시나 좋았다. 구석구석 눈길을 옮기면서 누구에게랄 것도 없이 고마운 생각이 들었다. 이 건물을 지을 때 현장에서 나와 함께 일한 소장들을 비롯해, 투입된 작업자들만 100여 명에 이른다.

지나온 세월이 주마등처럼 스쳤다. 부장부터 대표이사 시절을 거쳐 온 바른손 사옥을 20년 후에 다시 와서 사무실, 복도, 계단,

화장실, 옥상, 지하실, 마감재까지 전부 돌아보고 나서 건물 앞에 섰을 때, 비로소 다른 회사 간판이 눈에 들어왔다.

간판을 똑같이 붙였는데 사이즈를 다르게 한 탓에 균형이 맞지 않았다. 벽에는 똑같은 페인트칠을 했는데도 미세한 색감의 차이가 느껴졌다. 남의 건물 앞에서 무슨 생각이냐 싶다가도 디테일의 세밀함이 조금씩 무너져 가는 건물을 지켜볼 수밖에 없는 씁쓸함은 도리가 없다.

결국 건물은 설계한 사람과 소유한 사람이 꾸준히 공감하면서 관리해야만 건물의 디테일한 속성과 미적 가치를 오래도록 지속할 수 있다.

4

나와 함께한 마지막 건축물

바른손 사옥 설계가 확정된 후부터 시공 업체를 찾아 나섰다. 당시 대한건설협회에 친척 분이 감사로 근무하고 있었다. 그분은 매사에 신중하신 분으로 알고 있었기에, 10층짜리 소형 건물을 완벽하게 시공할 수 있는 건설 회사 세 군데만 추천해 달라고 부탁했다. 그렇게 해서 소개 받은 건설 회사 세 곳에 전화를 걸어 사장 면담 일정을 잡았다.

간부들에게는 개인적인 친분이나 지인을 통한 시공 업체 추천을 받지 않겠다는 사실을 알렸다. 객관적이고 공정한 발주를 위한 내 나름의 조치였다. 이런 경우 미리 단속을 해 두지 않으면 엉뚱한 경로를 통해 견적서가 들어올 수도 있기 때문이다. 회사에서 공사를 발주할 때 임원이 직접 찾아가서 정식으로 견적을 요구하는 경우는 거의 없다. 통상적으로 입찰 공고를 내던지, 아는 사람을 통해 견적을 받아서 수의계약을 하던지 둘 중 하나다.

건설협회를 통해 소개 받은 건설 회사는 비교적 건실한 업체였다. 다만 업체마다 제시한 공사 금액에 차이가 있었다. 나는 세

곳 업체의 평균을 내서 시공 업체를 선정하는 것이 합리적인 방법이라고 판단했다.

최소 금액으로도 할 수 있는 일을 최고 금액을 제시했더라도 나름의 이유가 있을 수는 있다. 최고와 최저 금액의 중간에 방점을 찍고 조율 작업에 들어갔다.

우리가 제시한 금액에 공사를 맡아 줄 수 있는지, 만일 중간 금액에도 공사가 가능하다면 어째서 처음 제시한 금액과 차이가 나는지, 어떤 관점에서 이런 비용이 산출됐는지를 일일이 확인했다. 그리고 나서 납득이 되면 그 다음 작업을 진전시키는 방식으로 일을 처리했다.

이러한 과정을 통해 나도 배우는 것이 있었다. 예를 들면, 오랜 시공 노하우를 지닌 업체는 단가가 줄어들더라도 원자재 구입비나 공기 단축, 인건비 등 자기들만의 방식으로 깎여 나간 비용을 충당할 방법을 터득하고 있다는 점이다.

엄격한 심사를 통해 시공 업체를 선정해 사장에게 결재를 올렸다. 그런데 서류를 검토해 본다던 사장은 며칠이 지나서 다른 회사 견적서를 내게 내밀었다. 그것도 내가 최종 결정한 업체의 견적 금액에 비해 20~30%나 낮은 견적서였다.

개인적으로 건설 회사를 추천하지 말자고 약속해 놓고 뒤늦게 다른 업체를 추천하는 이유도 영 석연치가 않았다. 사장은 금액에 문제가 있다고 했지만, 내가 알아본 바로는 그 이상 내려가면 부실 공사를 면키 어려웠다. 특히 사장이 추천한 건설 회사를 믿을 수가 없었다.

덤핑 의혹이 강하게 일었으나 박 회장에게 사장의 말을 그대로 전했다. 처음 결정된 업체의 금액에 비해 20~30% 싼 금액이라고 했더니, 대수롭지 않다는 듯 '한 번 만나보라'는 말이 나왔다. 박 회장 입장에서는 공사를 싼값에 해준다는데 마다할 이유가 없다고 판단했을 것이다.

문제의 업체는 경기도에 있는 건설 회사였다. 그들이 제시한 금액으로 공사가 가능한지 물었더니, 서울에 진출하고 싶어 견적을 이윤 없이 원가로 넣었다는 대답이 돌아왔다. 서울 진출을 위해 이익을 남기지 않고 짓겠다면서 덧붙이는 말이 걸작이었다. 서울에 건물을 지었다는 포트폴리오 하나 가지려고 목숨을 걸었다는 것이다. 엉터리도 그런 엉터리가 없었다. 나 역시 전문 건설업체를 경영했던 사람이다. 사실상 소규모 기업을 운영하면서 그런 유혹을 뿌리치기 힘들다는 것도 잘 안다. 나는 단도직입적으로 말했다.

"무슨 뜻인지는 알겠는데, 그렇게는 안 될 겁니다."

그러면서 서울에 입성하고 싶은 욕심에 너무 의욕만 앞세운 건 아니냐고도 물었다. 솔직히 부실 시공은 불을 보듯 뻔한 상황에서 부정한 의도, 혹시 공사를 수주하기 위해 뒷거래를 한 것 아닌가 하는 의구심을 떨칠 수 없었다.

내가 시공업자로 일했던 경험까지 얘기하며 몇 번을 설득했지만, 사장이 추천한 건설업체는 그래도 하겠다고 매달리는 상황이었다. 여기에 사장과 회장은 왜 안 된다고만 하느냐며 노골적으로 나를 몰아붙이는 분위기였다. 결정은 사장이 한다고 해도 최종 승인권자는 박 회장이었다.

회사 사장과 회장은 공사비 20%를 절감해 주겠다는 유혹을 뿌리치지 못한 결과, 결국 그 업체가 시공을 맡았다. 나로서는 어려움이 뻔히 보이는 길이라 끝까지 반대했으나, 어차피 회사가 결정한 이상 따를 수밖에 없었다. 기름통을 들고 불구덩이로 뛰어드는 격인 줄 알면서도 내가 할 수 있는 최선은 계약 사항을 철저히 이행하도록 관리하는 것으로 문제를 최소화하는 방법이었다. 그럼에도 불구하고 공사 기간 내내 가는 길마다 첩첩산중이었다.

회사 간부들 전부가 그 업자 편을 들고 나섰다. 이래서 월급쟁이는 괴롭다. 가장 비싼 견적을 낸 업체 사장에게 공사비를 높게 책정한 근거를 물었더니, 그럴 만한 이유가 있었다. 사당이라는 지역은 한강이 가까워서 지하에 물이 많은 관계로 토목공사에 예상치 못한 경비가 많이 들어갈 수 있다는 설명이다.

회사에서 선정한 시공업체는 뜬금없이 불쑥 끼어들어 와서 터무니 없을 정도로 낮은 견적서를 들이민 회사였다. 더군다나 건설 현장이 생길 때마다 현장소장을 뽑아서 작업팀을 구성하는 업체였다. 현장 사무소라고는 하지만, 본사에서 보낸 관리 직원 한 사람이 현장에 나와서 돈 관리만 하는 정도였다. 무엇보다 정규직도 아닌 계약직 소장이라는 점이 내내 마음에 걸렸다.

'급조된 조직으로 끝까지 잘 해낼 수 있을까?'

이즈음 나는 생산부장 겸임으로 발령이 났다. 한꺼번에 두 가지 일을 하려니 아무래도 우려를 떨쳐낼 수가 없어 현장소장에게 시공만큼은 철저하게 해 달라고 부탁했더니, 시원시원한 대답이 돌아왔다.

"걱정 붙들어 매십시오! 현장은 제가 꽉 잡고 있습니다!"

현장소장의 호언장담에도 불구하고 도무지 마음이 놓이질 않았다. 생산부 업무를 봐야 하는 나는 매일 새벽 5~6시에 현장으로 출근해서 곳곳을 돌아보고 소장과 본사 파견 직원들이 출근하면 회의를 주관한 후, 8시 반쯤 회사로 돌아와 정상 근무를 시작하곤 했다.

그러던 어느 날 새벽이었다. 현장에는 아무도 나타나지 않았다. 혼자 이것저것 점검을 하는데 바닥에 물이 많이 고여 있었다. 어쩐지 예감이 이상해서 바닥을 찬찬히 살펴보기 시작했다. 아니나 다를까, 현장 터 파기 공사를 시작하면서 지하에 고여 있던 지하수가 콸콸 쏟아져 나왔다.

물막이 공사를 하느라 며칠 동안 애를 먹었다. 비용도 만만치 않게 들어갔다. 앞서 밀려난 업체가 비싸게 견적을 낸 데에는 이유가 있었다. 그 업체야말로 오랜 시공 노하우가 축적된 탄탄한 업체였다. 그들이 제시한 견적은 이 지역을 사전 조사까지 다 해보고 나온 결과물이었으나, 사고를 낸 업체는 공사 수주에만 급급해서 무작정 덤볐다가 화를 부른 것이었다.

이런 경우를 대비해서 계약서를 철저하게 작성해 둔 것이 그나마 회사로서는 손실을 줄이는 최소한의 안전장치 구실을 했다. 나는 계약서에 따라 추가 공사비 일체를 건설 회사에서 부담한다는 조건으로 일을 매듭지었다.

바른손 사옥을 지으면서 현장소장이 네 번이나 바뀌었다. 내가 교체를 요청한 소장도 그 중 한 명이었다. 그 건설 회사는 결국 콘크리트 10층까지 골조공사를 마무리도 짓지 못한 채 부도가 났다. 일을 제대로 할 생각은 하지 않고 여기저기 뇌물을 주고 술 접대로 약점을 만회하려 했던 사장은 감독관인 나에게도 뇌물을 건네려다가 거절당했다.

현장에서는 '기성'이라고 해서 매월 말까지 작업한 부분을 체크해서 돈을 지급한다. 하루는 늦은 저녁에 시공업체 사장이 사무실로 나를 찾아왔다. 직원들은 퇴근하고 사무실에는 나 혼자뿐이었다. 그의 부탁을 일언지하에 거절하고 퇴근했는데, 쥐도 새도 모르게 돈봉투를 내 가방에 찔러 넣은 뒤였다.

내 가방에 있으면 안 될 것이 들어 있다는 사실을 발견한 건 다음 날 아침이었다. 순간 제일 먼저 떠오른 얼굴이 공사장 함바 식당을 하는 아주머니였다. 나를 볼 때마다 현장에서 돈이 안 나와 힘들다고 하소연하던 모습이 눈에 선했다.

가난하고 힘없는 아주머니 밥값도 안 주는 사람이 나에게 뇌물을 줄 정도면, 그가 어떻게 살아왔는지는 안 봐도 뻔했다. 밤새 또 무슨 일이 있었던지 현장소장은 보이지 않고 현장은 올 스톱이 되어 있었다. 나는 출근과 동시에 현장 시공회사 경리직원에게 가방에 들어 있었던 돈봉투를 건네주고 회사 계좌에 입금시키도록 했다. 그러고는 밀린 함바식당 식비를 해결재 주면 좋겠다고 말했다. 금액이 충분한지 어떨지는 몰라도 함바 식당 아주머니는 그 돈을 가질 충분한 자격이 있는 사람으로 생각되었기 때문이다.

현장에서는 직원들 식비가 밀려 있는데도 감독관에게 돈봉투를 찔러 넣는 회사를 보면서 사옥 건축 현장의 미래가 암담해 보였다. 그걸 알면서도 돌이킬 수 없다는 현실이 내겐 너무 답답했다. 하지만 어쩌겠는가. 현장 체크 잘 하고, 공사비 관리를 잘 하는 수밖에. 정말이지, 하루하루가 걱정의 연속이었다.

바른손센터 전경(외부)

바른손센터 전경(내부)

5

언제든 진심은 통한다

건물 시공계약을 할 때 해당 건설 회사는 또 다른 건설 회사를 연대보증 세운 뒤 이행보증보험 증서를 첨부하게 되어 있다. 건축주의 피해를 미연에 방지하기 위한 목적이지만, 소규모 건설 회사들은 자기들끼리 보증을 서 주는 식으로 위험 부담을 떠안는 경우가 흔하다. 따라서 사고라도 나면 필연적으로 선의의 피해자가 생길 수밖에 없는 구조적 모순을 안고 있다.

우리 현장도 시공을 맡은 건설 회사가 부도를 내면서 공사는 중단되었고, 건설사 사장은 행방을 감춘 채 연락이 닿지 않았다. 나는 공사 현장과 회사를 오가며 수습에 나섰다. 그런 와중에 현장을 우리 회사에서 직접 맡아 공사하는 방안으로 결론이 났다. 현장은 말 그대로 아수라장이 되었다. 시공업체 사장이 인부들 인건비며 하청업체 공사비까지 체불한 채 종적을 감추었기 때문이다.

거기다 시공업체에 연대보증을 서 준 건설 회사는 그들대로 주저앉을 상황으로 내몰렸다. 얼마나 답답했으면 연대보증을 선

사장이 현금 5천만 원을 싸 들고 나를 찾아왔겠는가. 그런다고 뾰족한 해결 방법이 있을 턱이 없었다.

3개월 동안 매일 인부들과 하청업체 사장들이 농성을 벌였고, 공사비 체불금이 워낙 많아서 공사 마무리가 어려웠다. 다른 회사에 공사를 맡기려고 해도 그전에 공사했던 사람들이 공사비를 지불할 때까지 못 나간다고 버텼다. 계산해 봤더니 하청업체에 지불할 돈만 5억 원이 훌쩍 넘어갔다. 전체 공사비가 25~30억 원 정도 규모의 공사에서 그 정도면 꽤 큰 금액이었다.

부도가 난 회사에 연대보증을 서 준 건설사 사장은 바른손에서 2억 원 정도를 부담하고, 자신들은 1억 원에서 1억 5천만 원 정도를 책임지는 선에서 합의해 주기를 원했다. 그쪽도 사정이 어렵다는 것을 알지만, 나로서는 받아들일 수 없는 요구였다.

6개월 정도 예상했던 공사가 늦어지면서 비용은 계속 추가되는 마당에 몇 억 원으로 해결될 문제도 아니었다. 보름간 현장에서 직원들과 합숙하며 철근, 콘크리트 설비, 전기를 비롯한 공사 내역서 및 경비 지출 현황을 세밀하게 정산 검토했다. 농성 중인 인부들과 하청업체 사장들이 공사를 마치고 나서 남은 돈을 받아가는 방안을 적용해 보니, 체불금의 50% 정도만 회사에서 책임져 주면 가능하겠다는 계산이 나왔다. 우리 회사와 계약을 한 건 아니지만, 서로 반반씩 손해를 감수하자는 의미였다.

며칠 동안 집에도 못 들어가고 밤잠을 아껴 가며 꼼꼼하게 계산한 결과였건만, 그들은 내 제안을 거부했다. 하지만 내가 하청업체 사장이라도 충분히 검토해 볼 만한 조건이었다. 그냥 시간을 흘려보내는 것보다는 훨씬 더 이득인데, 왜 싫다고만 하는지 이해할 수 없었다.

"우리는 그런 복잡한 계산 같은 거 모릅니다. 왜 우리가 손해를 봐야 합니까?"

그래서 이리저리 수소문해 본 결과, 농성 중인 사람들이 자신을 위한 일임에도 불구하고 구체적인 손익 계산을 해보는 것에 거부감을 가지고 있다는 사실을 알게 되었다. 그들이 손해를 본다고는 하지만, 내가 제안한 방식으로 계산하면 그들이 받지 못한 돈에서 10% 정도가 부족한 금액이었다.

우리 회사 직원들은 하나같이 부정적인 의견을 제시했다.

"현장에 드러누워 있으면 돈이 나오는 줄 안다."

"모르는 사람들이 보면 저 현장 망가졌다고 수군댈 것 아니냐."

"용역을 불러서 해결하자."

하지만 차마 그럴 수 없었던 나는 하청업체 사장에서부터 인부들까지 개별 면담을 요청했다. 사흘간 사무실을 찾아온 작업자들에게 일일이 내역서를 보여주고 설명하며 같이 점검하는 시간을 가졌다. 면담 후, 협상에 응하겠다는 사람이 열에 한 명도 안 되었다. 내역서를 보지도 않고 '반반씩 손해 보자'는 말에 꽂힌 사람들은 그저 바른손이 50%를 안 주려고 수를 쓰는 것이라고만 생각했다.

나는 어떻게든 하청업체를 설득하려고 애썼다.

"현장을 책임질 건설 회사는 부도를 내고 사라졌기 때문에, 건축주인 우리와 하청업체 여러분 모두가 피해자다. 어찌됐든 건축주는 현장에서 일한 작업비를 전액 지불했는데, 시공사인 건설 회사가 중간에서 일부만 지급하고 잠적한 것이다. 하청업체인 여러분이 체불금 전액을 지급 받지 못하고 공사는 중단하는 게 이익인가? 아니면 체불금의 50%를 받고 남은 공사를 마무리하는 게 이익인가?"

당시 하청업체가 워낙 영세하다 보니 주먹구구식 경영에 의존하기 일쑤였다. 회계 관리가 제대로 안 된 상태에서 아무 생각 없이 면담하러 온 사람들은 무조건 바른손을 원망했다. 아예 나더러 대놓고 '나쁜 놈', '도둑놈' 욕설을 퍼붓기도 했다.

극단적인 선택을 하는 이들 대부분은 제대로 된 계산을 해보려고도 하지 않는 사람들이었다. 회사는 잘못이 없다는 점을 설명하려 하면, 더 심한 공격이 돌아왔다. 멱살잡이에 의자를 집어 던지는 건 기본이었고, 죽인다고 칼까지 들고 오는 사람도 있었다. 어차피 이 정도 수모는 각오한 일이었다.

엄밀히 말하자면 연대보증 회사에 책임을 물어 법적으로 해결하면 끝날 문제였다. 면담하러 온 사람들이 욕설을 내뱉으며 사무실 문을 박차고 나가면, 나보다 일곱 살 아래인 현장소장이 눈을 휘둥그레 뜨곤 했다.

"저분들도 피해자인데, 현장소장이 이해를 해주게. 내역서 가져가서 내가 얘기한 대로 차근차근 설명해 주면 도움이 될 걸세."

나는 현장에 오고 나서 3개월 만에 부도를 맞은 그에게 밀린 월급은 해결해 주지 못해도 지금부터 일한 보수는 주기로 약속하고 협조를 구했다. 30대 후반의 착실한 가장이었던 그는 선선히 내 뜻을 따라주었다.

과정은 험난했으나, 나는 결과를 낙관하고 있었다. 인부들과 하청업체 사장들을 설득하면서 내가 강조한 것은, 지금 그만두는 것보다 공사를 마무리하고 그만두면 손해를 덜 본다는 사실이었다.

간혹 내 입으로 그렇게 말하면서도 '염치없는 짓은 아닌가?' 하고 회의가 든 적이 없다고는 할 수 없다.

'도망간 놈은 따로 있는데, 이 사람들이 무슨 죄로 피 같은 돈을 떼이고 이 고생을 해야 한단 말인가.'

결국은 피차 '건설 회사를 잘못 만난 죄'라는 데에 인식을 같이 하고 '서로 조금씩 손해 보고 말자'는 말밖에는 달리 도리가 없었다. 그러면서 수도 없이 나 자신을 향해 묻곤 했다.

'나라면?'

'내 회사라면?'

답은 언제나 하나였다.

'그래도 지금과 같은 말을 할 것이다.'

면담이 모두 끝나자, 전체의 80%가 내가 제시한 조건에 동의했다. 나는 여기에 10%를 추가 지원해 주도록 회사에 요청하여 원만하게 협상을 마치고 사옥 시공 책임자로 참여하게 되었다.

본격적으로 현장에 뛰어들고 보니 '이제는 갑과 을이 아니라 감독관'이라고 했던 장세양 소장의 말이 실감나기도 했다. 바닥재 하나부터 천장, 벽면 모서리에 이르기까지 구석구석 신경이 쓰였다. 사고 현장은 마무리가 엉터리인 곳이 많았다.

바른손 사옥은 내가 생각했던 것보다 훨씬 더 완성도 높은 건축물로 탄생했다. 업계에서도 깐깐하기로 소문난 이종호 교수도 현장에 와 보고는 매우 흡족한 얼굴을 했다.

"함 이사님, 그만 체크하시죠. 이제는 안 물어보셔도 될 것 같습니다. 알아서 하세요. 이사님 덕분에 완성도 높은 훌륭한 건물이 됐으니까, 설계자로서 만족하고 감사합니다."

바른손 사옥 시공 과정에서 그는 내가 자문을 구할 수 있는 최고의 전문가였다. 단계마다 꼬치꼬치 물어 가며 진행하는 내 습성을 익히 아는 그가 덕담을 건네며 싱겁게 웃던 모습이 이 순간 사무치도록 그립다. 그는 10년 전쯤 사고로 인해 이 세상에 없는 사람이 되었기에, 그리움만 가득한 분으로 남았다.

강촌휴게소를 시작으로 홍천교회, 홍천휴게소, 바른손 사옥, 용두리 주택, 양구 박수근 미술관 등이 이종호 교수와 인연이 되어 지은 건축물인데, 모두 대한민국 건축상을 받았다. 이 교수는 많은 설계를 했고 건축상을 받았다. 하지만 내게는 그와 내가 인연이 되어 받은 건축상이어서 더욱 특별했다. 또한 그는 내가 진행했던 춘천인형극제의 집행위원으로 참여했고, 춘천시가 아름다운 호반의 도시에서 문화예술과 축제가 있는 도시로 나아가는 데 일등공신이기도 했다.

비록 그의 나이는 나보다 열 살 아래였지만, 김수근 선생을 대신할 정도로 내 인생의 멘토이고 동반자였다. 이처럼 든든한 버팀목이었던 그가 어느 날 젊은 나이에 세상을 떠나고 말았다. 지금도 그의 죽음이 믿기지 않을 정도로 슬프고 그립다. 그에 대한 그리움과 감사의 마음을 이 책에 담아 전하고 싶다.

6

최악의 상황에서 최고의 성과를 얻다

총무과 직원들의 주말 워크숍을 계획하는 내게 대기업에서 온 이사가 넌지시 타박을 주었다.

"직원들이 별로 안 좋아할 텐데. 다음부터는 그러지 마세요."

지금 생각해 보면 상사의 갑질이라거나 오버 액션이라는 비난을 받아도 할 말이 없다. 하지만 그 당시만 해도 평일에는 내 업무를 진행하고, 주말에는 편안한 분위기에서 직원들과 토론 시간을 갖는 걸 당연하게 여겼다. 가기 싫으면 안 와도 된다는 말을 했어도 마지못해 따라올 수도 있다는 생각을 하지 못했다. 그만큼 일에 파묻혀 살았다.

나는 평생을 주도적으로 일하면서 살아온 습성이 몸에 깊게 배어 있었다. 주도적으로 일을 한다는 것은 전체를 생각하면서 움직인다는 것을 의미한다. 바른손에 재직하는 동안, 회사는 몇 번의 위기를 겪었다. 그때마다 본의 아니게 구원투수 역할을 해야 했던 나는 직원들로부터 이런 말을 자주 들었다.

"자기가 회사 주인인 줄 아나 봐."

"자기가 월급을 준다고 생각하나 봐."

심지어 회장에게 과잉 충성한다는 말까지 들었다.

내가 해결해야 할 문제가 있다면 어차피 상황은 다 연결되는 것이고, 그 문제는 곧 내 문제였다. 그렇기에 어떤 비난이라도 감수해야 할 부분이라 여겼으나, 나도 사람인지라 스트레스가 없을 리 만무했다. 특히 사옥 공사 현장이 시공사 부도로 중단된 이후, 우여곡절을 거쳐 3개월 만에 공사가 재개되었지만 사옥 공사 현장 수습의 여파로 내 몸에 이상이 생기고 말았다. 사옥 공사를 재개하고 얼마 되지 않았을 때였다.

어느 날부터인가 가슴에 통증이 느껴졌다. 처음에는 체한 줄 알고 소화제를 먹으면서 버텼는데, 증세는 좀처럼 나아지지 않았다. 그렇게 하루이틀 지나다가 나중에는 통증이 심해서 잠을 못 잘 지경이었다.

그날은 늦게 퇴근해서 잠깐 눈을 붙였는데, 통증이 심해서 새벽 5시까지 잠을 못 잤다. 계속 가슴이 아픈 게 이상하게 기분이 나빴다. 마침 의사 친구가 서초동에서 내과 의원을 하고 있어서 전화를 걸어 증세를 얘기했더니, 깜짝 놀라며 물었다.

"그럼 응급실로 가야지. 왜 나한테 전화를 했어?"

"자네 병원으로 갈게."

의사 친구에게 가서 심전도 검사라도 해 볼 요량이었다.

"차 몰고 왔나?"

심전도 검사를 마친 친구가 대뜸 하는 말이 심상치가 않았다.

"차는 여기에 두고…. 참, 자네 집이 어디지?"

"청담동."

"그럼 서울대병원이 가까운가, 아산병원이 가까운가?"

집에서 가까운 병원은 아산병원이었다.

"잘됐네. 거기 중환자실 베드가 많아."

친구는 유독 침착한 어조로 말을 이어 가며 소견서를 작성했다.

"지금 가면, 자네는 응급실에서 중환실로 가게 될 거야. 그래서 일반 병실로 올라가면 우리가 다시 보는 거고, 안 그러면 마지막이니까 얼굴이나 한 번 더 보고."

나중에 듣기로는 너무 충격적인 상황이라서 최대한 침착하게 굴었다는 것인데, 그때만 해도 '이 친구가 좀 오버하는구나' 싶었다.

아산병원 응급실에서도 심전도 검사를 했는데, 간호사가 이상한 말을 했다. 심전도 검사에서는 별다른 이상이 없었다는 것이다.

"심전도상에 나왔다 안 나왔다 하는 경우가 많답니다. 혈액 검사를 하면 더 확실한 결과가 나오긴 하는데…."

마침 응급 담당의가 의사 친구의 후배라서 친절하게 설명해 주었다. 심전도상으로는 아니라지만, 어쨌든 아프니까 혈액 검사 결과를 기다리다가 공중전화 부스로 갔다. 현장 출근 시간이 늦어져 회사 직원에게 전화를 걸려던 참이었다. 공중전화로 직원과 통화하는 중에 병원 안내 방송으로 내 이름이 흘러나왔다. 그런데 나를 찾는 게 아니고 내 보호자를 급히 호출하는 내용이었다. 뭔가 착각한 모양이라 생각하고 응급실로 갔다.

"환자 분, 어디 다녀왔어요? 보호자는 어디 계세요?"

나는 의사의 다급한 질문에 당황해서 아무 말도 못했다. 그러자 의사가 나를 응급실 침대로 잡아끌었다.

"안 되겠어요. 일단 침대에 누워 보세요."

보호자 없이 왔다는 말에 놀란 의사의 표정이 잠시 스치고, 나는 중환자실로 옮겨진 후 이내 잠이 들었다.

중환자실에서 깨어났을 때, 내 앞에서 눈물을 보이지 않았던 아내가 우는 모습을 처음 보았다. 내 발로 응급실에 왔다가 중환자실에 누워 있는 것보다 아내의 걱정스런 표정이 내게는 더 충격적인 장면이었다. 아내의 눈물에 나도 모르게 눈시울이 젖어 들었다.

사옥 설계 6개월, 사옥 공사 6개월 만에 회사 사장에게 청탁해서 덤핑 견적으로 들어온 건설 회사를 감독하기란 참 어려운 일이었다. 기회만 있으면 거짓말, 돌아서면 엉터리. 이들과의 전쟁 6개월 만에 건설 회사의 부도로 현장은 정지되고, 하청업체와의 다툼과 설득. 그로부터 3개월 만에 현장 공사가 재개되었고, 얼마 지나지 않아 나는 심근경색으로 응급 후송되어 중환자실에 눕는 신세가 되고 말았다.

중환자실에서 사경을 헤매는 남편을 본 아내는 병원에 왔던 직원으로부터 사옥 건축 현장에서 있었던 일들을 전해듣고는 할 말을 잃고 말았다. 새벽에 나가 밤늦게 들어오는 남편을 보면서 사옥 짓는 일 때문에 바쁜가 보다 했는데, 현장 사람들에게 시달렸다는 말을 듣고 아내의 심정은 어떠했을까?

아들 둘이 초등학교를 다닐 때였다. 나 죽고 아내 혼자 아이들 키울 생각을 하는 것만으로도 가슴이 답답했다. 변명의 여지가 없는, 나는 무책임한 가장이었다.

중환자실 위층은 일반 병실이었다. 불길한 상념이 꼬리를 물어 새벽녘까지 잠에 들지 못하고 뒤척였다. 그러다 깜빡 잠이 들었는데, 아내가 나를 깨웠다. 수술 스케줄을 알려 주러 온 간호사에게 내가 만약 일반 병실로 가게 되면 한강이 보이는 병실을 잡아 주도록 부탁했다.

그러자 가만히 듣고 있던 아내가 나를 보며 한 마디 했다.

"중환자실 환자가 한강은 무슨…. 아무 병실이나 가는 것만으로도 얼마나 다행한 일인데."

나는 수술실에 들어가면서 한강이 보이는 일반 병실에서 아내와 다시 이야기 나눌 수 있기를 간절히 바랐던 것 같기도 하다. 그 때문일까. 반나절도 지나지 않아 나는 전망 좋은 일반 병실로 옮겨졌다. 담당의는 인체의 놀라운 신비를 이야기했다. 스텐트를 삽입하려고 심장에 약물을 집어넣어 보니, 가는 혈관들이 막혀 풍선을 불 수가 없더라는 것이다.

"심장의 실핏줄이 80% 이상 막히면 스텐트를 못 넣고 개복해야 하는데, 선생님 심장은 막힌 혈관이 가는 혈관이고, 막힌 혈관 주변의 다른 모세혈관들이 산소와 영양분을 공급해 줬기 때문에 근육이 괴사되지 않았더군요. 천만다행이죠."

당분간 약물 치료를 하면서 경과를 지켜보자는 설명에, 비로소 내가 살겠구나 싶은 생각이 들었다.

며칠 후 현장소장이 문병을 왔다. 그는 병원비를 아내가 부담했다는 사실에 분통을 터뜨렸다. 심근경색은 개인의 지병으로 간주하고 산재 처리가 안 되던 시절이었다.

"이사님이 멱살잡이까지 당하고 혼자 마음고생을 하다 쓰러진 거 뻔히 아는데, 회사가 나 몰라라 하는 게 말이 됩니까?"

혼자라도 싸우겠다며 흥분한 그를 다독거리느라 진땀을 뺐다. 바른손 박 회장이 전혀 나 몰라라 한 건 아니었다. 문병을 와서 고생이 많다고 위로하며 금일봉을 아내에게 주고 갔는데, 건드리지도 않았다며 아내는 그저 웃었다. 나 또한 구태여 서운함을 느끼지는 않았다. 회사가 어떻게 생각하든 회사에 분노하며 나를 이해해 주는 동료가 있다는 사실이 위로가 되었다.

근 3년에 걸쳐 바른손 사옥 설계에서 공사 완공까지 마친 후, 개인적으로 가장 기뻤던 것은 '김수근건축상'을 수상한 일이었다. 이 상은 한국의 건축문화를 세계적인 수준으로 드높이고자 남다른 정열을 기울인 김수근 선생의 시대정신을 기리며 제정된 건축상이라는 점에서 더욱 의미가 깊었다.

그리고 더 기뻤던 건, 대한민국 해방 50년을 맞이하여 〈조선일보〉에서 해방 후 50년 동안 건축된 건축물 중 건축 전문가 30인이 선정한 아름다운 건축물 20개 중 하나로 바른손 사옥이 등재된 일이었다. 개인 소유 건축물로는 유일하게 바른손 사옥이 이름을 올렸다. 이 모든 게 완성도 높은 건물을 세우려는 열정 하나로 버텨 온 순간들이 내게 준 선물과도 같았다.

나는 최악의 전장에서 최상의 성과를 냈다고 생각하며, 동료들은 간혹 '그때 내가 없었다면 불가능했을 일'이라고 말한다. 나는 중단된 현장에 생명력을 불어넣는 장인의 길을 가고자 했고, 앞으로도 그럴 것이다.

내가 김수근 선생에게 배운 건축의 기본은 '원칙을 잘 지키는 것'이었다. 그렇게 지어진 아름다운 건물은 거리와 도시를 바꾸는 계기가 되고, 그곳에 사는 사람의 마음도 바꾼다. 나는 그러한 사실을 잘 알기 때문에, 공사가 중단된 현장의 책임자가 되어 차근차근 아름답고 완성도 높은 건축물로 완성시켰다.

공교롭게도 바른손 사옥은 김수근 선생과 함께 명륜동 박고석 화백 자택을 지은 이후로 첫 번째 건물이었다. 그래서일까? 바른손 사옥이 '김수근 건축상'을 수상한 일이 내게는 김수근 선생에게 선물을 받았다는 생각이 든다. 다시 한 번 김수근 선생과 이종호 교수에게 머리 숙여 감사드린다.

7

기본을 지키면서 완성도 높이기

새로 지은 바른손 사옥에 회사가 입주하자, 직원들의 사기와 자긍심은 올라갔고, 근무 의욕도 넘쳐났다. 그런 상황에서도 나는 사옥 관리에 소홀함이 없도록 특별한 관심을 기울였다. 사옥 보수공사를 하면서 시설관리 담당 직원들에게 입버릇처럼 하는 말이 있었다.

"건물을 시공하는 일보다 완공 후에 잘 유지하고 관리하는 게 더 힘든 일이다."

보수 공사 과정에서 어느 정도 흠집이 나는 걸 당연하게 여기는 직원들이 있었다. 건물을 수리하면 최소한 수리하기 전보다 낫다는 평을 들어야 한다. 제일 좋은 건 처음부터 50년, 100년 후를 염두에 두고 건물을 짓는 것이다. 빨리빨리, 대충대충 일을 처리하는 습성이 사고를 부른다. 오죽하면 삼풍백화점, 성수대교가 무너졌을까.

바른손 사옥 신축 공사 도중 성수대교가 끊기고, 삼풍백화점이 무너지는 참사가 일어났다. 사회 구석구석에서 부조리가 판을 치던 시절이었다.

툭하면 현장 공사가 중단되곤 했다. 일할 인부들을 못 구했기 때문이다. 현장 직원들이 남대문 인력시장에 갔다가 인부를 구하지 못해 허탕을 치고 돌아오는 일도 비일비재했다. 알고 보니 인력시장에 나온 사람들을 관광버스에 태워 대통령선거 유세장으로 데려갔기 때문이었다.

박수부대 노릇만 하면 힘들여 일하지 않아도 밥 먹이고, 술 먹이고, 일당까지 주는데 굳이 힘들게 노동일을 할 필요가 없었던 것이다. 설령 그 사람들을 데려온다고 한들, 그들에게서 무슨 책임감을 기대할 수 있겠는가.

대통령선거 합동유세라도 있는 날이면 현장은 올스톱이 되곤 했다. 이래서는 나라가 정상적으로 기능할 수 없게 된다. 성수대교 상판이 내려앉고, 삼풍백화점이 무너질 때도 나는 매일 새벽 현장으로 나가며 이런 생각을 했었다.

'이러다가 나라가 어떻게 되는 건 아닐까?'

인부가 없어 작업이 중단된 현장에 홀로 서 있노라면 더럭 비감에 잠기곤 했다. 오죽하면 이민 갈 생각까지 했었다. 부(富)도 강(强)도 이루지 못한 우리나라가 일할 사람을 못 구해 현장이 돌아가지 않는다는 현실이 슬프다 못해 두렵게 느껴지기도 했다. 그것도 대통령선거 유세에 서울 인부를 동원해서 건설 현장이 멈추는 현실. 건축물에 대한 사명감이라든가 책임과는 거리가 먼 작업자들의 안이한 사고방식 또한 나로서는 도저히 타협이 불가

바른손센터 전경(아래는 내부)

한 부분이었다.

　독일 설계자들은 일본 사람이 시공하는 건축 현장을 좋아한다
고 한다. 자기들이 생각했던 것보다 훨씬 더 완성도 높은 건축물
을 시공하기 때문이라는 게 그 이유다. 건축 공사에서는 작은 오

차 하나가 건물의 완성도를 가른다. 그리고 보수 공사를 할 때 앞 사람보다 잘 하려는 마음만 있으면, 미래의 사고 원인이 될 하자를 미리 발견해 낼 수도 있다.

건축은 오와 열, 층과 층이 정확해야 한다. 작업자들은 보통 2~3밀리 차이는 아무것도 아니라고 생각한다. 나는 이게 용납이 안 돼서 일을 다시 시키고, 작업자들은 그 차이를 이해하지 못해 불만을 드러내곤 했다. 그들은 대충 눈으로 맞추고는 틀리지 않았다고, 비뚤어지지 않았다고 우겼다. 그럴 때마다 나는 오차 범위 안에 들지 않으면 작업의 완성도를 인정하지 않았다. 오차 범위는 김수근 선생에게 배운 원칙 중의 원칙이었다. 눈에 띄지 않으면 문제가 안 될 수도 있지만, 내 눈에 띄는 건 여지없이 오차 범위를 벗어나 있었다.

타일 바닥 시공이 잘 되어 있는지는 바닥에 물을 부어 보면 안다. 어딘가에 물이 고여 있다면 수평을 제대로 맞추지 못한 것이다. 타일을 제대로 시공했는지는 100원짜리 동전으로 문질러 보면 안다. 동전이 미끄러지지 않고 걸린다면 수평이 맞지 않은 것이다. 벽이 울퉁불퉁한 건 랜턴을 비춰 보면 알 수 있다. 그림자가 생기면 재작업이 불가피하다. 그러던 어느 날, 현장소장이 웃으면서 내게 뼈 있는 말을 건넸다.

"제가 새벽에 출근하면 맨 처음에 하는 일이 뭔지 아십니까? 돌아다니면서 낙서 지우는 겁니다."

무슨 말인지 몰라 물었더니, 현장 벽마다 나에 대한 불만을 쓴 낙서가 많았다고 말해 주었다.

"이사님 밑에 견딜 사람이 누가 있겠어요?"

내가 하도 까다롭게 굴어 작업자들 사이에 불평불만이 많다는 얘기를 현장소장이 넌지시 알려 준 것이었다. 현장 기사들이 고생하는 건 나도 잘 안다. 그렇다고 실수를 눈감아 주면 더 큰 문제가 닥칠 텐데 어쩌겠는가. 내가 욕을 먹더라도 용납이 안 되는 건 안 되는 것이다.

우리 몸이 아무리 건강하고 관리를 잘한다고 해도 어디 한쪽 혈관이 막히면 죽음에 이르듯이, 매사가 그렇다. 잘 된 공사에 전기선 하나 잘못 관리하면 화재가 난다. 대문을 잘 만든다고 스테인리스 몸통을 달더라도 경첩에 녹이 슬면 멋진 대문은 무용지물이 되고 만다.

현장에서는 늘 돈의 문제, 시간의 문제라고 하지만 그건 정신의 문제다. 가령 어느 건물의 출입문이 조금씩 비틀어졌다고 하자. 그 상태에서 문짝을 끼워 넣으면 이가 맞지 않아서 외풍이 술술 들어온다.

건축하는 사람들이 수평과 수직에 대한 개념에 철저하지 못한 것은 심각한 문제다. 수평과 수직만 잘 맞으면 흠잡을 데가 없는 완성도 높은 건물이 된다. 건축에서 오와 열을 잘 맞추는 일, 균형을 잡는 일은 공자 시대부터 내려오는 기본 중의 기본이다. 예술적 가치는 그다음 문제다.

얼치기 기술자들은 관례니, 뭐니 하면서 자기들 나름의 기준에 따라 움직인다. 바른손 사옥을 지으면서 거쳐 간 시공자들이 제 각각 다 그런 식이었다. 계단을 올라가다가 발이 턱 걸리면 그 걸리는 층계는 높이가 맞지 않는 것이다. 몇 번을 양보해도 이건 돈의 문제가 아니다. 오와 열의 기본 원칙을 지키지 않는 개념의 문제다.

기본에 철저하면서도 앞사람보다 잘하려는 마음이 진보와 혁명을 이룬다. 최초의 피라미드를 설계한 임호테프(Imhotep)나 가우디의 전설은 그렇게 만들어진 것이 아닐까.

바른손 사옥을 지으며 김수근 선생의 지도와 장세양 소장, 이종호 교수와의 협업은 내 생애에서 큰 보람과 자긍심을 주는 작업이었다. 지금은 모두 고인이 되어서 감사한 마음을 전할 길이 없지만, 이 책을 통해 그분들에게 감사한 마음과 그리움을 전하고 싶다.

상생 : 동반 성장을 꿈꾸다

5장

PROJECT COORDINATOR

1

고양이 목에 방울 달기

우 리나라는 5.16군사정변 이후 원조를 받던 극빈국에서 원조를 해 주는 국가로 놀라운 경제 성장을 이루어 냈다. 빠른 속도로 선진국 진입을 위해 나아가던 대한민국 호는 10.26사태가 일어나면서 성장의 엔진이 잠시 멈추게 된다. 급변 상황에서 쿠데타로 정권을 잡은 신군부는 군사 독재를 이어 가지만, 국민적 저항에 가로막혀 민주 정부에 정권을 넘기고 만다. 우리 국민은 마침내 민주화를 이루어 냈지만, 민주화 투쟁의 피로감에 지쳐 있었다. 1980년대는 그렇게 흘러갔다. 그렇게 민주 국가로 나아가던 우리나라는 1990년대 후반에 국가적 경제 위기를 겪게된다.

오늘을 살아가는 사람들 중에 1997년 12월 3일을 기억하는 이들은 많지 않을 것이다. 그날은 우리 대한민국이 국제통화기금(IMF)과 구제금융 지원 각서를 체결한 날이다. 사상 초유의 국가부도 위기 속에서 건실한 중견 기업들이 맥없이 쓰러져 갔다. 바른손도 그런 기업들 중 하나였다. 연간 매출 550억 원을 달성하던 회사가 300억 원의 부채를 감당하지 못해 부도 위기에 내몰렸다.

하루가 멀다 하고 채권자들이 회사로 몰려왔다. 설상가상으로 경영을 책임진 사장마저 개인 사정을 이유로 회사를 떠났다. 대주주인 회장은 회사의 임원(이사)들이 모인 자리에서 경영 위기 수습 방안을 내놓았다. 그는 사태 수습을 위해 본인이 보유한 주식을 전부 내놓겠다고 하며 임원들이 공동으로 경영을 맡아 달라고 부탁했다. 그러나 임원들 중에서 선뜻 나서는 사람이 없었다. 주식을 내놓겠다고 했지만, 이미 휴지 조각이나 다름없는 상황에서 그 누가 책임을 떠맡으려 하겠는가.

그로부터 얼마 후, 새 대표이사를 선임하기 위한 임원회의가 소집되었다. 장시간에 걸친 논의 끝에 임원들은 좌초된 회사를 살리는 적임자로 나를 추대했지만, 나는 임원들의 제안을 고사하고 다른 임원을 추대하자고 제안했다. 그러자 임원들은 현 상황에서 내부의 적임자도 없을뿐더러, 외부에서 영입할 사람도 없으니 내가 맡아야 한다고 입을 모았다. 나는 생각할 시간을 달라 하고 고민하기 시작했다. 고민의 시간은 길지 않았다. 무엇보다도 회사를 살리는 일이 최우선이라는 판단 하에 회사를 살려 내야 하는 어려운 자리를 수락했다.

바른손에서 20년 가까운 세월이 흐르는 동안, 애정을 가지고 몸담아 온 회사였다. 탁월한 미적(美的) 감각을 지녔고, 일의 완성도를 치밀하게 추구한다는 면에서 박 회장은 김수근 선생과도 같은 맥락에서 배울 점이 많은 분이었다. 팬시용품 하나를 손에 넣고 행복해하는 아이들을 보면서 나 역시 무한한 행복을 느꼈다. 아름다움을 통해 삶의 질이 향상되는 기쁨을 타인과 공유한다는 그 자체만으로도 나에게는 소중한 보람이었다. 사회에 좋은 영향을 주는 회사를 살리는 것도 도전할 말한 일이라고 생각했다.

직원들에게는 바른손이 디자인 회사라는 자부심이 있었다. 매년 크리스마스 시즌은 팬시용품 업계의 대목이다. 다른 회사는 시간에 맞춰 물건을 출시할 욕심에 간혹 품질을 소홀히 하는 경우도 있었지만, 바른손 디자인실은 시간과는 무관하게 돌아갔다. 디자인에 너무 치중하느라 시즌이 다 지나서 상품을 내보내기도 했다. 조금이라도 더 예쁘고 디자인적 가치가 돋보이는 제품을 선보이려는 노력은 바른손이 오랜 세월 팬시용품 업계의 선두 자리를 고수한 비결이기도 했다.

만약 바른손이 부도가 나면, 300여 명의 직원들을 포함해 450여 곳의 협력업체와 생산 업체 종사자들까지 수많은 사람들이 어려움에 빠질 상황이었다. 가난 구제는 나라님도 못한다는 옛말이 있지만, 적어도 최악의 상황만은 피하도록 만들고 싶었다.

고심 끝에 총대를 메기로 하고 바른손의 직원이자, 학교 후배이기도 했던 나는 박 회장을 만나 허심탄회하게 이야기를 나눴다.

"주식과 경영권을 포기하시고 회사를 떠나는 조건이 아니고, 회장님은 회사에 계속 남아 계시는 조건으로 대표이사를 수락하겠습니다. 회장님이 없다면 바른손 회생이 무슨 의미가 있겠습니까? 대신 회장님께서는 주식을 보관하고 계시다가 회사가 회생한 후에 의논하셨으면 합니다. 그리고 회장님이 회사를 떠나지 마시고 디자인실에 회장님 책상을 옮겨 놓고 지금까지 해오시던 디자인 일에 전념하시면서 팬시업을 일궈 온 초심으로 돌아가서 일해 주십시오. 회사의 모든 경영과 회생은 제가 감당하겠습니다."

내가 제시한 조건은 이것뿐이었다. 박 회장은 바른손의 상징과도 같은 존재였다. 디자인 제품 하나하나에 시대를 관통하는 그의 독특한 감각이 배어 있었다. 나는 그런 그가 바른손을 떠나면 회사의 혼이 사라지는 것과 다름없고, 회사를 살리는 것도 의미가 없는 일이라고 생각했다.

주식은 회사가 회생된 후에 논의하자고 했다. 당장은 쓸모가 없어도 회사를 살리고 난 후에는 또 다른 가치를 가질 것이라는 생각은 전혀 하지 못했다. 하지만 회사의 경영 위기를 극복하고 회생시키더라도 그것이 임원들의 몫이라는 생각은 사명감처럼 내게 몰려왔다.

솔직히 나는 이때까지 IMF가 뭔지도 몰랐다. 임원회의에서 등을 떠밀리다시피 하여 대표이사에 오르기는 했으나, 어디서부터 무엇을 어떻게 시작해야 할지 막막했다. 아는 게 없으니 처음부터 새로 공부를 시작해야 했다. 바른손 사옥 10층 대표이사실로 옮긴 나는 뼈를 깎는 구조조정에 돌입하고 나서야 내 앞에 주어진 현실을 직시하게 되었다.

속담에 '猫頭懸鈴(묘두현령)'이라는 말이 있다. 고양이 목에 방울을 다는 것과 같이, 누구도 꺼려하는 그 일이 내 손에서 이루어졌다. 회계감사 결과, 1차로 30% 인원 감축이 불가피한 상황에서 구조조정위원회를 거쳐 올라온 서류의 최종 결재권자가 나였기 때문이다. 구조조정 발표 후, 회사는 혼란에 빠졌다. "구조조정 대상자는 왜 하필 나인가?"라고 항의하거나 읍소하는 직원들이 대표이사실로 몰려왔다. 모두가 지금까지 함께했던 직원들이었고, 그 중에는 고향 후배와 학교 후배도 있었다.

임원 회의에서 결정된 사항을 가지고 이의를 제기하는 사람들을 마주하고 있자니, 난감하기 이를 데 없었다. 내가 누굴 찍어내려고 한 것도 아닌데, 그 원망은 고스란히 내 몫으로 돌아왔다. 그렇게 해서 길고 힘겨운 싸움이 시작되었다. 본의 아니게 칼자루를 쥔 나로서는 모든 게 혼란스러웠다. 그나마 다행인 것은 평소 '이 사람은 우리 회사에 꼭 필요한 직원'이라고 생각했던 직원은 구조조정 명단에 오르지 않았다는 점이다.

대표이사실까지 찾아와 항의하는 사람들은 대개 평상시 업무에 태만하거나 문제점을 노출한 경우였다. 나만 그렇게 본 게 아니라, 다른 사람들 눈에도 부정적으로 비추어졌다는 이야기다. 간혹 우리 회사에 꼭 필요한 직원이라고 생각했던 사람이 대표이사실로 찾아와 이런 말을 하기도 했다.

"회사가 어려우니, 제가 나가겠습니다."

이런 사람과는 반대로, 태만했던 직원은 자기가 나가야 할 사람이라고는 전혀 생각하지 않는다. 제 딴에는 일을 잘한다고 생각하고, 회사에 공헌한 바가 있다고 자부하는 경향이 강하다. 자기 문제를 자기가 모르기 때문에 '왜 나 같이 열심히 일하는 사람이 구조조정 대상이냐?'고 원망을 퍼붓는다.

고백하자면 나도 그런 사람들과 크게 다를 건 없었다. 오로지 회사만 바라보고 달려온 내가 스스로 일을 잘한다는 착각에 빠져 있었다는 사실을 깨우쳤을 때의 충격이란 이루 말할 수 없었다. 나에게 그 엄청난 착각을 일깨워 준 분은 당시 자유기업센터 소장 공병호 박사였다.

2

해고 1순위는 당신입니다

임원들의 추대를 받아 대표이사 자리를 수락했지만 회사를 살려야 한다는 생각만 있을 뿐, 방법을 찾지 못해 고심에 빠졌다. 근 한 달 가까이 변호사, 회계사, 경리부 이사 등과 합숙을 하다시피 하면서 그야말로 고군분투의 시간을 보냈다. 그 과정에서 부도에 빠진 회사를 회생시킬 방안으로 법정관리와 화의신청 두 가지 방법이 있다는 걸 알고 법원에 화의신청을 했다.

법원에 화의이행계획서를 제출하고 초조한 마음으로 결과를 기다렸다. 당분간 압류와 경매를 보류하고 이자 지불을 유예해주도록 하는 절차를 마치는 데만도 1년 이상이 소요된다고 들었으나, 다행히 우리 회사는 최단시간에 화의신청이 받아들여졌다. 화의신청이 받아들여지면 일단 채권은 동결되고 회사는 업무를 정상적으로 수행할 수 있다.

그 다음으로 해결해야 할 문제는 최대한 좋은 조건으로 우리 회사를 인수할 기업을 찾는 일이었다. 당시 회사가 매각대금으로 제시한 금액은 350억 원(부채 총액). 바른손이 워낙 이미지가 좋고 상품성 있는 콘텐츠를 다수 확보하고 있어 어렵지 않게 매각이 이루어질 줄 알았다. 그런데 막상 임자가 나타난 듯싶더니, 결정적인 순간에 계약 의사를 번복하는 일이 생겼다. 그리고 더 놀라운 사실은 IMF사태가 터지기 1년 전부터 회사가 어려웠기 때문에, 회장이 여러 회사에 M&A 제안을 해서 이미 검토가 끝난 상황이어서 문제가 더욱 복잡했다.

나는 각 협력업체와 생산 업체를 찾아다니며 인수합병이 이루어질 때까지 기다려 달라고 사장들을 설득했다. 그 결과 협력업체 대표와 생산 업체 대표로 이루어진 채권단이 구성되었다. 내가 회사 측 대표로서 한 달에 한 번 채권단 회의를 열어 경과를 보고하는 조건으로 채권단의 들끓는 여론을 일시적으로 잠재울 수 있었다. 여기까지 오는 과정에도 우여곡절이 많았으나, 갈 길은 더욱 멀고도 험했다. 전문가를 만나 돌파구를 찾아야 할 필요성이 절실해졌다. 이때 내가 생각한 최고의 전문가는 전경련경제연구소 소장 공병호 박사, 이필상 전 고려대 총장, 김영걸 카이스트 경영대학 대외부학장 등이었다.

그 무렵, 공병호 박사와 이필상 교수는 IMF 타개책을 논의하는 KBS TV 심야 토론 프로그램 단골 출연자였다. 두 분 다 자타가 공인하는 경제통이라서 논조가 합리적이고 설득력 있게 와 닿았다.

그래서 당시 전경련 자유기업센터 소장을 맡고 있던 공병호 박사를 찾아갔다. 대개 상담은 1시간 정도였지만, 나는 초면부터 실례를 무릅쓰고 2시간 넘게 박사님을 붙들고 앉아 바른손을 살려야 할 이유를 구구절절 설명했다. 나로서는 그만큼 상황이 절박하기 때문이었으나, 일정이 바쁜 공 박사님 입장에서는 곤혹스럽기만 했을 터였다.

"바른손 대표님, 상황은 충분히 이해하지만 제가 이렇게 시간을 보낼 수 있는 사람이 아닙니다."

차분히 내 이야기를 듣고 있던 공 박사님 입에서 충격적인 말이 흘러나오기 시작했다.

"대표님 같은 분 때문에 그 회사가 부도 난 겁니다. 만약 내가 사장이라면, 당신이 해고 1순위가 될 겁니다."

몇 날 며칠을 잠도 제대로 못 자고 미친놈처럼 뛰어다니고 있는데, 나 같은 사람 때문에 회사가 부도가 났다니.

"대표님 손에 현금 350억이 있으면, 그 회사를 사겠어요? 바른손이 좋은 회사라고만 강조하지 말고 M&A를 거절당한 이유를 찾아서 와요. 인수하지 않으려는 이유를 알아야 그것을 고쳐서라도 인수합병을 시도할 수 있지 않겠어요? 바쁜 사람 시간 뺏지 말고 그만 돌아가세요."

그러면서 친절하게 덧붙인 설명은 나를 좌불안석으로 만들었다.

"지금 2시간이 지났어요. 나는 30분이나 1시간 이상은 상담을 하지 않는데, 함 대표는 2시간이나 얘기하고도 아무 소득도 못 얻었어요. 회사에 돌아가서서 인수합병 거절 이유를 알아서 오시면 2시간을 줄 테니, 숙제부터 하시고 한 달 후에 다시 오세요. 면담은 그게 마지막입니다."

나는 뒤통수를 세게 얻어맞은 기분이었다. 나는 회사를 살리겠다고 동분서주하고 있었지만, 정작 내 회사의 상태를 정확히 모르고 있었던 것이다. 구조조정을 할 때, 억울해하던 직원들 심정이 이랬을까 싶기도 하고, 뒤돌아볼수록 부족한 점이 많다는 것을 깨닫고 보니 쥐구멍이라도 찾아들고 싶은 심정이었다.

물건이든 회사든 팔리지 않을 때는 그만한 이유가 있기 마련이다. 공 박사님은 바른손이 왜 좋은 회사인지를 설명하기 전에 회사와 제품이 시장에서 외면 받고 있는 이유부터 찾으라고 조언해 준 것이다.

M&A 시장에서 바른손을 사겠다는 인수자가 없는 이유를 알아오라는 게 숙제였다. 나는 그런 이유도 모르는 채, 회사의 장점만 열거하며 문제 해결의 핵심을 파악하지 못하는 경영인이었던 것이다.

3

해결하지 못하면 그만 두세요

결혼 적령기의 남녀가 맞선을 봐서 거절을 당하면, 자신이 왜 거절당했는지를 알아야 한다. 그런데 자신이 거절을 당하면, 상대편의 단점만 트집잡고 자기 장점만 내세우기 쉽다. 이런 마음가짐으로는 결혼을 할 수 없다. 맞선의 상대방이 거절한 이유를 알아야 하고, 그것을 보완해야만 결혼에 이를 수 있다. 거절당한 수치심을 무릅쓰고 원인을 찾아야 한다.

나는 공병호 박사를 만나고 온 다음 날부터 바른손 인수를 거절한 몇몇 회사를 찾아다녔다.

"개선할 점이 있으면 고치려고 하니, 귀사에서 왜 인수합병을 거절했는지 그 이유를 말해 주시면 고맙겠습니다."

처음에는 내가 찾아간 의도를 이해하지 못해 대화 자체를 불편해하던 상대 회사 관계자를 설득한 결과, 뜻밖의 이야기를 들을 수 있었다.

"인수를 하더라도 우리가 감당할 수 없다는 판단이 들었습니다."

"어째서요?"

"디자인에 특화된 회사를 경험도 없는 우리가 인수하게 되면, 리스크가 너무 크다는 판단이 들더군요."

나는 바른손 인수합병을 거절한 세 개 회사를 찾아가서 담당자들을 만나 그 이유를 물어보았다. 말해 주지 않으려는 그들을 어렵게 설득한 끝에 답변을 들을 수 있었다. 그들은 공통적으로, 우리 회사가 다섯 가지 문제를 안고 있다고 말해 주었다.

첫째. 자산 중에 재고가 너무 큰 비중을 차지한다.
둘째. 아이템이 지나치게 많고 세분화되어 있다.
셋째. 상품의 이윤이 적다.
넷째. 제품의 사이클이 너무 짧다.
다섯째. 매출에 비해 직원의 수가 너무 많아서 회사 운영이 어렵다.

재고 누적과 수많은 품종의 아이템은 유행에 민감한 팬시 제품의 특성상 어쩔 수 없는 태생적 한계였다. 이 부분은 우리 회사 사람들도 알고 있는 사실이었다. 이런 문제들이 과거에는 문제가 되지 않았지만, 지금에 와서 회사 경영에 걸림돌이 되고 있었다. 공병호 박사가 말한 문제의 본질에 접근하기 위해 한 달을 고민한 끝에, 다른 기업이 우리 회사를 인수하지 않으려는 이유를 찾아낸 나는 공병호 박사를 다시 찾아갔다.

"우리 회사를 인수하지 않으려는 이유는 업종의 특성에 따른 문제라서 도리가 없는 듯합니다."

나는 인수 거절에 대한 이유 다섯 가지를 설명하면서 이것은 과거에도 우리가 고민해 왔던 문제점인데, 오늘에 이르도록 해결하지 못했다고 고백했다. 내 말이 끝나자, 가만히 듣고 있던 공병호 박사가 입을 열었다.

"함 대표님이 평상시 고민해 왔었는데 해결을 못했다면, 대표직을 사임하시고 그 문제를 해결할 사람을 대표자로 모셔야 하지 않겠습니까?"

그러고는 당황하는 나를 향해 미소를 지으며 함께 그 문제를 해결해 보자고 제안했다. 의미심장한 말을 던진 공병호 박사는 내게 도움이 될 수 있는 조언을 해 주었다.

"그 회사 제품 중에 잘 팔리는 제품 20%가 전체 매출의 80%를 차지할 겁니다. 그 20%에 해당하는 제품 리스트를 만들어서 이익률이 어느 정도인지 파악해 봐요. 아마도 목표 이익률에 훨씬 못 미칠 겁니다. 그 품목들의 이익률을 목표 이익률에 맞춰 보도록 하세요."

이익률을 높이려면 원가를 낮춰야 하는데, 이미 2년 전에 책정된 원가를 무슨 수로 내리겠는가. 이익률을 깎아 먹을 수밖에 없는 이유가 바로 여기에 있었다. 그럼에도 공병호 박사는 내 설명을 일언지하에 일축해 버렸다.

"그걸 해결하지 못하면 CEO 자격이 없습니다. 빨리 해결을 하던지, 그만두던지 해야죠."

공병호 박사가 이렇게까지 말한다는 것은 특단의 조치가 필요하다는 의미였다. 나는 그 길로 회사로 돌아와 임원회의를 소집했다. 회의에 참석한 임원들은 하나같이 난색을 표했다. 생산부는 2, 3년 전에 제품을 인수인계 받은 뒤로 제품 단가를 한 번도 올려 주지 않았기 때문에 더는 단가를 낮출 수 없다고 했다.

영업부에서는 현 상태에서 가격을 인상하는 것은 판매를 포기하는 것이나 마찬가지라고 주장했다. 경쟁사에서 출시한 신제품에 비해 우리 제품의 가격이 더 비싼데, 가격을 인상하는 건 자해 행위나 마찬가지라는 것이다.

당시 D연필에서 200원에 판매하는 연필을 우리가 디자인을 바꿔서 납품 받아 250원에 팔고 있었다. 즉 D연필에서 생산해서 대리점을 거쳐 소매점에서 200원에 판매하는 연필을 우리 회사가 200원에 납품받고 있었던 것이다. 우리는 그 연필을 납품 받아 대리점을 거쳐 소매점에서 250원에 판매하는 구조였다. 시장조사를 해보니 문제가 있었다. 나는 공 박사의 말을 떠올리며 '우리가 그런 생각을 하고 있으니, 회사가 이렇게 되었지!'라는 생각이 들었다. 그래서 이 문제를 구체적으로 하나하나 해결하겠다고 마음을 다잡았다.

나는 D연필 사장을 찾아가서 우리가 소매가로 납품 받는 이유를 따져 물었다. 그랬더니 D연필 사장이 웃으면서 어떻게 된 일인지 알아봐야겠다며 공장으로 간다기에 나도 따라나섰다.

당시 D연필 회사의 소비자가격은 연필 한 자루에 200원이고,

자사 대리점에는 100원에 공급하고 있었다. 나는 우리도 100원 이하로 납품가를 낮춰 달라고 요구했다. 그러나 공장장은 현재는 200원이 정상 가격이지만, 바른손이 어려우니 최대한 반영하여 150원에 공급하겠다고 했다. 자사 제품과 동일한 제작 조건이라면 모를까, 바른손은 디자인이 까다로운데다 컬러도 별색이 많고, 수량도 많지 않아서 우리가 원하는 납품가를 맞춰 줄 수 없다는 말만 되풀이했다.

그렇다고 하더라도 내가 보기에는 너무 심하다 싶었다. 회사로 돌아와 체크를 해봤더니, 다른 제품도 대부분이 그런 식으로 거래가 이뤄지고 있었다. 목표 이익률이 30%는 되어야 하는데, 10% 정도에 그치거나 아예 이익이 없는 품목도 있었다.

하락한 이익률을 높이기 위해서는 전면적인 제품 구조조정이 필요한 시점이었다. 일단 잘 팔리는 품목 100개 정도를 선정한 후, 박 회장을 주축으로 생산이사, 영업이사, 디자인 실장과 머리를 맞대고 대책을 논의했다.

전체 매출액 중 필기구가 30%, 지제 30%, 나머지 40%는 '꼬마또래' 잡화가 차지하고 있었다. 이것들을 정리해서 3명의 임원이 각자 역할을 분담하기로 했다. 디자인실과 영업부는 본연의 업무에 충실하되 지제는 박 회장이, 필기구는 생산이사, 잡화는 내가 맡아서 6개월 안에 대리점 공급가 대비 회사의 마진율을 30% 이상으로 높인다면 회생 가능성이 충분하다는 판단이 섰다.

역전의 노장답게 박 회장이 결론을 내렸다. 기왕에 제작 원가를 낮출 거라면 3개월 안에도 가능하다는 것이다. 직원들은 다소 황당해했으나, 중국 제조 시장을 주시하고 있던 나는 곧바로 중국 출장길에 올랐다. 중국에서 문구 제품을 제작해 들여오는 회사가 있다는 소식을 전해들은 영향도 있었다.

중국 출장에는 두 가지 목적이 있었다.

하나는 연하장을 비롯한 카드 제품 수출 미수금 회수였다.

다른 하나는 중국의 문구시장을 조사하는 일과 함께 우리 제품을 중국에서 생산해 들여오는 방안을 검토하기 위함이었다.

당시 회사에서는 연하 카드 재고를 장당 30원에 중국으로 수출했는데, 중국 수입 업체에서 바른손 부도 소식을 듣고 중도금과 잔금 지급을 차일피일 미루고 있었다. 그리고 중국의 문구류 생산 기술이 독일과 일본의 OEM 주문 생산과 수출을 할 수준이라는 정보를 들었기에, 내 눈으로 직접 확인하고 싶었다.

중국에 도착한 나는 카드 수입 업체로 가지 않고 문구류 도매시장에 가서 시장조사를 해보기로 했다. 도매시장에 가서 보니, 우리나라의 모나미, 동아연필, 문화연필 등이 이미 중국 시장에 진출해서 판매를 하고 있었다. 이것을 보며 우리 회사가 경쟁사에 비해 중국 시장을 너무 모르고 있었다고 생각하니 아차 싶었다.

이곳저곳을 둘러보다 카드를 판매하는 곳에 가보니, 우리가 장당 30원에 수출하는 카드가 소매시장에서 일반 카드는 300원부터 1,000원까지, 특수 카드는 1,500원까지 판매되고 있었다. 우리나라 카드시장과 가격이 비슷했다. 우리 회사에서 30원에 수입한 카드를 1,500원까지 팔고 있었던 것이다. 그러면서도 중국 수입업체는 우리 회사가 부도 났다고 잔금마저 지급하지 않고 있었다. 나는 정신이 번쩍 들었다.

중국 제조업체에서 유럽과 일본 문구 업체의 OEM 주문을 받아서 수출하는 볼펜, 샤프펜슬, 연필 등의 품질을 살펴보니 품질과 외관이 국산과 비슷한 수준이었다. 상하이와 베이징의 백화점을 찾아가서 문구 코너를 돌아본 결과, 조금만 보완하면 한국에서도 판매가 가능하겠다는 판단이 섰다. 나는 진열된 연필 제조사의 연락처를 찾아내 상담을 요청했다. 그 중에서도 수출품과 내수용품을 함께 생산하는 연필 공장을 수소문해서 내 눈으로 직접 확인해 보고 싶었다. 그렇게 해서 찾아낸 중국 현지의 연필 공장을 방문해 보니, 연필 한 자루의 OEM 수출 가격이 50원 정도였다.

중국 출장을 통해서 확인한 중국의 문구시장은 우리 회사가 생산하는 모든 제품의 판매 목표 이익률을 30%로 높이는 데 결정적인 역할을 할 수 있겠다 싶었다. 중국산 연필은 심과 목재가 거칠고 불규칙하게 깎이는 문제가 있었지만, 연필깎이를 이용하면 문제가 없다는 판단이 들었다. 또한 연필깎이도 우리나라에서 생산한 제품의 10분의 1 가격으로 OEM 수입이 가능했다.

중국의 이우시(義烏市)는 도시 전체가 중국 전체 내수 도매시장을 형성하고 있었는데, 우리나라의 대규모 도매시장 여러 곳을 합쳐 놓은 것처럼 규모가 엄청나게 컸다. 도매시장의 질은 우리

나라의 1960년대 시장 물건부터 일본산 샤프 전자계산기부터 고급 시계와 파카 만년필까지 다양한 제품을 볼 수 있었다. 제품 가격은 우리나라의 10분의 1 가격 정도였다. 그 당시의 중국 인건비는 한국 인건비의 20분의 1 수준이라서 가능하겠다는 판단이 섰다.

그 당시의 중국은 수출이 급속히 늘면서 경제 호황기에 접어들고 있었다. 그로 인해 중국 내의 연하 카드 소비량이 1980년대 전후 우리나라의 수준에 미칠 정도였다. 그 당시 우리나라는 직장인 한 사람이 100여 장씩 연하 카드를 보내던 시절이었고, 그 덕분에 바른손은 회사 매출이 크게 성장했다. 출장길에서 접한 중국 시장은 이제 막 그 시절의 호황기가 시작되고 있었다. 나는 귀국하는 대로 박 회장에게 중국의 연하장·크리스마스 카드 시장에 진출할 것을 제안하기로 마음먹었다. 중국 출장은 여러모로 내 가슴을 설레게 했다.

나는 다음 일정으로 카드 수출 대금 미지급 업체를 찾아갔다. 장당 30원이라는 가격이 터무니없음을 확인한 후였기에, 미수금을 받지 않을 테니 우리가 수출한 카드를 전부 돌려 달라고 요구했다. 그러자 중국 수입 업체 대표가 놀라서 카드 대금을 즉시 지급하겠다고 제안했다. 나는 그의 제안을 일언지하에 거절하고, 대만 수입 업체에서 장당 500원에 구매하겠다고 하니 즉시 회수하겠다고 으름장을 놓았다.

중국 수입 업체에서 약속한 기일에 대금을 지급하지 않았기 때문에, 우리로서는 거리낄 게 없었다. 우리 카드를 30원에 수입해서 1,000원대에 팔고 있는 현장을 목격한 나로서는 해외 시장에 무지했음을 부끄럽게 생각하고 아주 강하게 밀어붙였다. 그렇게 카드 가격 협상을 벌인 끝에 장당 30원을 장당 300원으로 조정하고, 대금을 즉시 지급하는 조건으로 협상을 마무리 지었다.

나는 중국 시장 방문을 통해 회사의 매출 이익률을 높이는 문제와 카드 수출 문제를 동시에 해결하는 성과를 올렸다. 특히 미수금을 10배로 올려 받아내면서 중국 시장 진출이 바른손에는 큰 희망이 될 수 있다는 확신을 얻기도 했다. 이로 인해 회사 직원들도 새로운 희망의 큰 기대를 품게 되었다. 국내 제조 공장에 사정을 해서 150원까지 내렸던 원가를 중국 공장에서 생산함으로써 50원까지 낮췄다. 그 결과 회사의 주력 상품 20%의 목표 마진 30%를 3개월 만에 달성하는 쾌거를 이루었다. 우리는 희망을 갖기 시작했고, 직원들은 자신감마저 갖게 되었다.

그로부터 얼마 후, 바른손이 부도 위기에 빠진 상황에서 정상화의 길로 나아갈 수 있도록 조언해 주신 공병호 박사님을 찾아가 감사의 마음을 전했다. 공병호 박사님도 바른손의 성공 사례가 연구소와 기업들에게 좋은 본보기가 되었다고 격려하시며 수고했다는 말을 아끼지 않았다. 지금까지도 공병호 박사님께 감사한 마음을 간직하고 있다.

그 당시의 중국은 제품 생산에서 엄청난 도약을 이루었다. 나는 제조사를 섭외하기 위해 다시 중국 출장길에 올랐다. 우리 제품의 OEM 제조를 맡길 업체를 찾는 건 그렇게 어렵지 않았다. 이미 생산부장 시절에 점찍어 두었던 업체 몇 곳이 있었기 때문이다. 덕분에 대부분의 제품을 국내 인건비의 20분의 1 수준이었던 중국에서 OEM 방식으로 제조함으로써 획기적인 원가 절감을 이루어 낼 수 있었다.

우리 회사 제품의 가격 경쟁력이 높아지면서 시장의 반응은 가히 폭발적이었다. 전 직원이 합심하여 위기를 극복하는 과정을 통해 '하면 된다!'는 자신감을 얻었고, 회사는 위기를 극복하고 활력을 되찾았다. 매출 이익률이 올라가고 제품의 질도 높아지자, 대리점 사장들도 매우 만족스러워했다. 하루하루가 피가 마르는 긴장의 연속이었으나, 눈앞에 닥친 부도 위기를 극복하고 기사회생의 길로 나아가는 순간이었다. 이 시기는 내 인생에서 가장 보람되고 감사한 나날들이었다.

공병호 박사님을 비롯해 바른손에서 함께 고생한 재무회계 최우현 이사, 영업부 양승록, 김상기, 김경일 씨와 생산관리부 윤덕구 부장, 박병순 부장, 바른손 전 직원, 그리고 부도 후에도 중단 없이 생산해 준 협력업체 사장님들, 유통을 맡아 주신 대리점 사장님들께 이 지면을 통해 고맙고 감사한 마음의 인사를 드린다. "감사합니다."

4

책임감으로 버틴 시간들

바른손은 IMF사태라는 국가적 경제 위기 상황에서 부도에 빠졌지만, 법정관리 판결을 받아 임직원이 자구 노력을 기울인 결과 정상화의 길로 들어섰다. 이를 바탕으로 회사가 이익이 나는 구조로 바뀌자, 발 빠른 M&A 업체가 하나둘 관심을 보이기 시작했다.

가장 먼저 접근해 온 이들은 국제 금융시장 전문가들이었다. 대표이사였던 나는 아트박스나 교보문고 같은 국내 동종 업계의 기업에서 바른손을 인수해 주길 바랐으나, 다들 자기 앞가림하기에 바빴다. 우리보다 더 우량한 기업들도 헐값에 무너지곤 하던 IMF 시절의 이야기다.

바른손은 회사 분위기만 살아났을 뿐 시장은 여전히 얼어붙어 있었다. 인수합병을 피할 수 없다면 리스크를 최소화하는 게 최선이었다. 나는 주거래 은행에 기업 평가를 의뢰하면서 최대한 빠른 기일 안에 심사 결과를 알려 달라고 요청했다. 워낙 많은 기업이 심사 대기 중이었기 때문에 우리처럼 규모가 작은 회사는 심사 결과가 언제 나올지 예측할 수 없는 상황이었다.

어떻게든 심사 기간을 줄여야 했다. 박 회장과는 학교 선후배 사이이고, 동향 출신 국회의원이었던 H 의원이라면 도움이 될 것도 같았다. 하지만 박 회장은 자존심 때문인지 별로 내켜 하지 않았다. 내 입장은 달랐다. 우리 직원들을 포함해서 바른손 하나만 바라보고 있는 수백 명의 협력업체 직원들을 생각하면 달리 선택의 여지가 없었다. 특별히 우리 회사만 잘 봐 달라는 것도 아니고, 기업의 가치(부도 난 회사의 현재 청산 가치가 좋은지, 아니면 미래 가치가 좋은지를 심사하는 일) 심사를 신속히 해 달라는 것뿐이었다.

나는 H 의원 사무실을 찾아가 도움을 청했다.

"이런 일은 나라 경제를 위해서도 결정이 빠를수록 좋지 않겠습니까?"

내 말에 동의한 H 의원은 즉석에서 우리 주거래 은행장에게 전화를 걸어 주었다. 그리고 일주일도 지나지 않아 담당자에게서 자료를 준비하라는 연락이 왔다. 나는 직원들과 함께 밤낮없이 자료 준비에 매달렸다. 그로부터 열흘 만에 바른손의 현재 가치보다 미래 가치를 더 높게 평가한 심사 결과를 통보 받았다.

심사 결과에 고무된 채권자들은 대주주인 경영자의 주식 100% 소각을 전제로 채무 감면을 의결했다. 적어도 내가 알기로, 당시 대주주는 가진 게 없었다. 재산은 은행에 담보로 잡혀 있었고, 사업체라고는 카드(초대장, 청첩장) 매장 한 곳뿐이었다. 바른손은 M&A를 준비하면서 직원의 30%를 잃는 아픔을 겪었으나, 나머지 70%는 인수합병을 하는 회사에 몸담을 수 있게 될 것이다. 여기에는 대주주가 기여한 몫도 있다고 판단했기에, 어느 정도의 보상은 필요하다고 생각했다.

박 회장에게 주식을 일부라도 남겨 줘야 보람이 있다고 생각하고 채권단과 금융단을 설득했다. 이 과정도 쉽지 않았다. 연일 사람들을 만나 설득하고 또 설득하기를 반복한 결과, 대주주가 보유하고 있던 주식 일부를 남기고 나머지를 소각하는 조건에 합의했다. 그렇게 해서 금융권과 일반 채권단이 합쳐서 채무를 50% 탕감하는 선에서 공식적으로 협상을 마무리 지었다.

이제 본격적인 M&A 단계로 돌입할 차례였다. 은행 평가가 좋게 나오기는 했지만, 나는 그것만으로는 부족하다고 생각했다. 회사의 가치를 책정하려면 뚜렷한 산출 근거를 확보하는 게 우선이었다. 이후로 여러 곳에서 제안이 들어왔다. 나는 협상에 앞서 상대방이 바른손의 가치를 긍정적으로 평가하는 근거가 무엇인지부터 구체적으로 파악하는 데 주력했다.

결과는 내 예상과 크게 다르지 않았다. 회사는 구조조정을 통한 일련의 자구 노력을 거치면서 수익 구조가 개선된 상태였다. 그러므로 M&A가 원만하게 이루어지면 바른손 주가는 매우 큰 폭으로 반등할 여지가 충분했다.

이를 통해 자신감이 생겼다. 당시 은행권 채무가 전체 채무의 60~70%를 차지했다. 인수합병 절차에 돌입하면서 내가 가장 신경을 많이 쓴 부분은 개인 채권단의 피해를 최소화하는 일이었다. 마지막까지 협상 테이블을 유지했던 펀드 회사는 개인 채권단 채무를 30%만 변제해 주겠다고 했다. 나는 은행 채무를 탕감한 만큼 개인 채권단에도 어느 정도 이익이 돌아가도록 50% 변제를 요구했다. 하지만 그들은 30% 변제를 조건으로 끈질기게 나를 설득하려 했으나, 인수합병을 하지 않는 한이 있어도 그것만은 양보할 수 없다고 버텼다. 결과적으로 개인 채권단 채무 변제를 50%로 조정하는 선에서 합의를 보았는데, 이 단계까지 오는 데만도 무려 1년이 걸렸다.

통상적으로 인수합병 절차를 밟는 회사는 주식 100% 회수가 원칙이다. 5,000원대를 유지하던 바른손 주가가 500원대로 떨어지자, 지인들은 넌지시 주식 구매 의사를 나타내며 내 의향을 묻기도 했다. M&A 시장에 바른손 주식이 나와 있다는 소문이 파다할 무렵이었다. 주가가 바닥을 쳤으니, 사 두기만 하면 오를 확률이 높다고 생각하면서도 보다 확실한 정보를 얻으려고 했던 것이다.

만일 그때 바른손 주식을 사 모았다면, 속된 말로 대박을 터뜨리고도 남았을 것이다. 하지만 나는 그 누구에게도 인수합병 관련 정보를 말해 주지 않았다. 심지어 은행 직원인 조카가 묻는 말에도 입을 다물었다. 나중에 이 일로 주위에서 원망도 많이 들었다. 내 친구들은 요즘도 가끔 이런 말을 한다.

"함승종 입만 처다보고 있다가 좋은 기회를 다 놓쳤다니까."

우여곡절 끝에 인수합병을 성사시키고, 주식시장에 공시한 날로부터 보름도 지나지 않아 전임 사장(IMF 발생 전)이 M&A 전문가 한 사람을 데리고 나를 찾아왔다. 기존의 M&A 계약 파기에 따른 위약금을 2배로 변상하고, 회사 M&A 금액 외에 오너에게 10억을 더 지급하는 조건으로 계약 변경을 요구해 왔다. 위약금도 자신들이 부담한다고 하니, 박 회장으로서는 마다할 이유가 없을 터였다.

하지만 나는 M&A 전문가라는 사람이 영 미덥지가 않았다. 위약금은 그렇다 치고, 평가 금액에 10억을 더 얹어 준다는 말이 신뢰가 가지 않았다. 그가 어떤 사람인지 알아본 연후에 심사숙고해서 결정해도 늦지 않을 거라고 대주주를 설득하려 했으나 요지부동이었다. 돈을 더 준다면 받고 회사를 넘기면 될 일이지, 상대가 어떤 사람인지는 중요하지 않다고 생각하는 것 같았다.

대주주 입장에서는 '왜 내 회사를 마음대로 못하느냐?'는 생각에서 언짢은 기색이 역력했지만, 돌다리도 두들겨 보고 건너야 할 매우 중요한 국면이었다. 직원들의 생계는 물론, 바른손과 연결된 협력업체의 명운이 걸린 문제였다. 소개받은 M&A 전문가에 대해 알아보았더니, 역시나 그의 뒤에는 부도 직전의 G인삼유통 회사가 있었다. 회사 경영이 어려운 상태에 이르자, M&A 시장에 뛰어들어 한몫 잡을 요량으로 M&A 전문가와 손잡고 바른손에 접근했던 것이다.

M&A 계약금도 어음, 대주주에게 준다는 돈도 어음, 우리와 계약한 M&A 업체 펀드 위약금 2억 원만 현금으로 가져왔다. 우리 회사 고문 회계사와 함께 G인삼유통 회사의 재무 상태를 확인해

보니, 회사 간판만 겨우 유지할 정도의 빚투성이 회사라는 게 드러났다. 박 회장에게 그들은 바른손을 정상적인 회사로 운영할 자격도 능력도 없다는 설명과 함께 위험을 알렸으나, 이 또한 별 소득이 없었다.

우리 어음만 결제가 되면 그만이지, 누가 인수하든 무슨 상관인가, 나중 일은 우리가 걱정할 게 아니라는 답변이 돌아왔다. 심지어 전임 사장으로부터 내 평생에 들을 수 없는 험한 말까지 들었다. '인수하기로 계약한 회사에서 얼마를 받았기에 그리 쩔쩔매느냐?'는 말과 함께 자기가 그 돈을 대신 해결해 주겠다는 막말까지 나오자, 보다 못한 회계관리 이사가 나를 설득하고 나섰다.

"함 대표님이 왜 그런 오해까지 받으면서 회사를 붙들고 있어야 합니까? 눈 질끈 감고 해약할 테니, 하라는 대로 해주고 끝내시죠."

오너에게 미운털이 박힌 건, 그도 나와 같은 입장이었다.

"오해를 받더라도 회사를 위한 일 아닙니까? 순리대로 풀어 갑시다."

간신히 회계관리 이사를 설득했더니, 대주주인 오너가 나에게 대표이사직 사임을 요구했다. 이렇게 된 이상 회사에 미련을 둘까닭이 없었다. 나는 사임할 테니, 대표이사가 되면서 회사의 채무에 연대보증을 섰다가 부도로 인해 압류된 내 집 문제를 해결해 달라고 요구했다. 이때 나는 또 한 번 참담한 이야기를 들었다. 그 문제는 본인이 회사의 임원으로서 연대보증을 했고, 본인이 도장을 찍었으니 본인이 해결하라는 답변이 돌아왔다. 한 마디로 오너인 자신이 왜 책임져야 하느냐는 것이었다. 어떻게든 다 쓰러진 회사를 살려 볼 생각에 내 집까지 담보를 잡히고 악전고투한 결과가 너무 허망했다. 사람 간에 이해관계 문제가 생기면 정말 어처구니 없는 말을 함부로 한다는 걸 직접 겪고 보니 참담했다.

오너에게서 들어야 했던 참담했던 그날의 언어가 지금껏 뇌리를 스친다.

"살다 보면 신용 불량자가 될 수도 있고, 사기를 당할 수도 있다. 길 가다 교통사고를 당하면 그것도 회사가 책임져야 하나? 대표이사쯤 되면 이런 일은 각오했어야 하는 것 아닌가? 과거에 나도 부도가 나서 신용 불량자가 되었지만 사회생활에는 아무 문제가 없다."

오너로부터 이런 말을 듣고도 끝내 회사를 박차고 나오지 못했던 건, 나의 무모한 아집일 수도 있다. 흔한 말로 무슨 부귀영화를 누리겠다고…. 다만 그때는 물러나더라도 최악을 피하고 보자는 생각뿐, 끝이 뻔히 보이는 파국을 눈앞에 두고 주어진 책임을 외면할 용기가 나에게는 없었다.

나는 개인 신용문제가 해결되면 대표이사직을 사임하겠다고 밝히고 오너의 사임 요구를 단호하게 거절했다. 대신 기존의 M&A 계약을 파기하고 10억을 더 준다는 업체와 계약을 체결했다. 그 일로 인해 나는 먼저 계약했던 업체의 대표로부터 수치스런 말까지 들어야 했다.

5

더 나은 결과를 만들기 위한 결단

대주주와의 갈등을 무릅쓰고 회사 일을 마무리 짓기 위해 동분서주하는 동안, 주변에서 가장 많이 들었던 말이 '뭐 하러 그렇게까지 합니까?'라는 물음이었다.

나는 인수합병을 추진하면서 바른손의 지속 가능성 여부에 초점을 맞췄다. 회사가 정상화되기만을 기다리며 참아 준 거래처와 협력업체들을 생각해서라도 또 다른 문제가 발생하도록 내버려 둘 수는 없었다.

내가 어떤 일을 해야 하는지, 하지 말아야 하는지, 에너지를 소모해야 할 것인지 아닌지를 고민할 때는 내 나름의 판단 기준에 따라서 행동한다. 그리고 그 판단 기준은 '객관적으로 모두에게 옳은 일이며, 합리적인 결과를 도출해 낼 수 있는가?' 여부이다. 일의 추진 과정에서 조금이라도 불합리한 점이 있으면 지속 가능성을 담보할 수 없기 때문이다.

이미 M&A 계약이 성사된 펀드 회사에 위약금을 지급하는 것으로 문제는 일단락되는가 싶었으나, 상대는 끝까지 해지 불가를 주장했다. 우리 회사가 더 원하는 게 있다면 들어주겠노라는 제안을 해오기도 했다. 그러나 대주주가 최종 결정권을 쥐고 있는 상황에서 내가 할 수 있는 일은 없었다.

G인삼유통 회사는 기업 신용도가 심각할 정도로 낮았다. 이런 회사와 바른손이 다시 인수합병 계약을 체결한 사실이 알려지자마자, 가장 먼저 사채시장 업체 대표들이 나에게 전화를 걸어 왔다.

어떻게 이럴 수가 있느냐는 것이다. 자신들은 바른손이 유망한 펀드 회사와 인수합병 계약을 체결했다고 해서 주식을 사 모았는데, 바른손보다도 신용도가 낮은 회사와 합병해서 상황을 더 나쁘게 만들었다고 항의하는 전화가 빗발쳤다.

부도 위기에서 화의 승인이 난 뒤로 회사 대금을 결제할 때 회사 로비에 나타났던 어음 할인업자들도 전부 약속이나 한 듯 모습을 감췄다. 지하시장의 정보가 이렇게 빠르구나 싶었다.

난파 직전의 배에서 쥐들이 빠져나가듯, 잘못된 계약의 조짐이 사방에서 나타났다. 어음 할인업자들이 회사 앞에서 종적을 감춘 것부터가 그 증거였다. 어차피 대주주와는 얼굴을 보지 않는 상태였고, 일은 내 손을 떠났건만 심경은 복잡하기만 했다.

며칠을 고민한 끝에 회계관리 이사를 만나 의견을 나누었다. 이런 상황에서는 먼저 계약했던 펀드 회사와 다시 계약을 추진하는 것만이 유일한 돌파구라는 생각이 들었다.

"뭐 하러 그렇게까지 합니까?"

회계관리 이사는 당혹감을 감추지 않았다. 상대가 일방적으로 계약 해지를 당하고 바른손과는 상대도 안 하겠다고 하니 불가능하다고 말했다. 하지만 인수합병을 하는 회사가 건전하지 않으면 내 마음이 바늘방석인 것을 어쩌겠는가. 이도 저도 안 되면 무슨 수를 쓰든 나 스스로 회사를 구할 방법을 찾아볼 작정이었다.

나는 평소에 업무상 걸려 오는 전화는 상대가 누군지, 용건이 무엇인지를 메모한다. 특히 전화 통화를 못한 전화는 비서를 통해 메모하는 습관이 있었다. 비서는 그 메모 노트에서 모 증권 회사 담당자와 인수합병 문제로 두 번 통화한 기록을 찾아냈다. 그러고는 전화로 직접 연락했더니, 선뜻 만남에 응해 주었다.

곧바로 여의도에 있는 증권 회사로 찾아간 나는 G인삼유통 회사와의 인수합병 계약의 변경이나 해지를 할 수도 있음을 암시하고, 대략적인 상황을 설명했다. 순전히 배짱 하나로 밀고 나간 협상이었으나, 즉석에서 다시 진행해 보겠다는 답변이 돌아왔다. 더불어서 인수합병이 원만하게 성사되면 계약금 10억 원에 경비 10억 원을 더해 20억 원을 계약 파기 위약금으로 사용할 수 있도록 해 주겠다는 약속까지 받았다.

나는 만약의 경우 G인삼유통 회사 사장이 끝내 거부할지도 모르니, 위약금으로 10억 원을 더 쓸 의향이 있는지도 물었다. 초면에 얼토당토않은 요구 사항을 들이미는 내가 황당하게 비춰질 수도 있었건만, 상대는 그것마저 수락했다.

회사로 돌아와 비밀리에 임원회의를 소집한 나는 G인삼유통 회사가 바른손을 계속 유지할 수 없다고 판단하기에, 향후 바른손을 지속 가능성이 있는 기업으로 살릴 방안을 찾으려 한다는 취지를 알리고 각자의 의견을 물었다.

"다 끝난 줄 알았는데, 뭘 또 추진한다고 그럽니까?"

"가능성만 있으면, 그보다 더 좋은 일이 어디 있겠습니까?"

임원진 대부분은 회의적인 반응을 나타냈으나, 내 제안에 대한 찬성 여론이 전혀 없는 건 아니었다. 나는 바른손을 아끼는 그분들의 마음을 알기에 큰 걱정은 하지 않았다. 합의가 이루어지면 G인삼유통회사 사장을 만나러 갈 계획이었다.

그러는 동안 G인삼유통 회사와의 인수합병 계약금으로 받은 10억짜리 어음의 만기일이 돌아왔다. 당시 G인삼유통 회사에서는 엉뚱한 요구를 해왔다. 계약금 어음 만기일에 새로 발행한 어음을 가지고 명동 사채시장에서 어음 할인을 해서 바른손에 지급한 어음을 돌려 막으려고 하니, 바른손에서 이 어음에 이서를 해 달라는 것이다. 바른손을 인수하기로 계약한 회사이니 본인들 회사라고 생각했는지, 나에게 이서해 달라고 요구했지만 나는 거절했다.

그러자 G인삼유통 회사 대표가 바른손 대주주에게 사실을 알렸고, 대주주는 나에게 G인삼유통 회사의 요구를 들어주라고 압력을 가해 왔다. 게다가 G인삼유통 회사와의 인수 계약을 중개한 바른손 전임 사장의 압력도 만만치 않았다. 대주주가 허락한 일인데 월급 받는 대표이사가 거절한다며 분통을 터트리는데, 이러다가는 죽도 밥도 안 되겠다 싶은 생각마저 들었다. 그럴수록 나는 원칙을 고수했다. 절대로 그러한 돌려막기 어음 이서를 해

줄 수는 없었다.

이 상태로 가면 자동적으로 계약 해지가 되는 상황에서 계약금 어음 만기를 이틀 남겨 두고 담판을 짓기 위해 G인삼유통 회사 사장을 만났다. 너무 무리한 일을 벌여서 많은 사람을 위험에 빠뜨리지 말고, 바른손은 놔두고 당신네 회사 문제는 알아서 해결하라고 단도직입적으로 통보했다. 그러자 다급해진 사장이 내게 물었다.

"대주주가 결정한 일에 왜 당신이 반기를 들고 나서는 겁니까? 전문경영인이면 깨끗이 마무리하고 비켜 주는 게 도리 아닙니까?"

나는 그의 물음에 이렇게 대답했다.

"우리 회사와의 무리한 인수합병을 포기하시면, 그동안에 쓰신 비용으로 10억 정도는 보상해 주겠습니다."

두 시간이 넘도록 얼굴을 맞대고 있었으나, 협상은 한 걸음도 나아가지 못했다. 하다하다 안 되니, 살려 달라고 통사정을 하며 매달렸다. 나는 하루 말미를 주고 그 자리를 나왔다. 전화벨이 울린 건, 이튿날 은행 영업이 종료된 시각이었다. 그는 보상 비용으로 10억을 받고 포기하겠으니, 중재를 해 달라고 부탁했다.

인수합병 계약을 포기하겠다는 전화였다. 나는 증권 회사 상무의 연락처를 알려 주었다. 이제 당사자들끼리 남은 문제를 해결할 일만 남은 터였다. 그런데 다음 날 아침까지 양측 모두가 감감무소식이었다. 이때가 내 인생에서 가장 초조하고 긴장되는 하루였다.

오전 10시쯤 여의도에서 연락이 왔다. 밤새 난항을 거듭한 끝에 극적으로 협상이 타결되었다는 소식이었다. 양측 변호사를 불러 입수합병 계약 문제를 깔끔하게 정리했다는 얘기까지 듣고서야 한시름 놓고 회장실에 들러 저간의 상황을 보고했다.

모든 상황이 더 안전하고 유리해졌음에도 대주주는 자신과 상의하지도 않고 내 마음대로 협상하여 해지하고, 새로운 인수합병을 성사시켰다며 화를 냈다. 그러고는 나를 향해 불쾌감을 내비치며 자리를 박차고 나가 버렸다. 사장과 인수합병 전문가라는 사람은 어안이 벙벙한 얼굴로 서 있었다.

그 일이 있고 나서 대주주로부터 전화가 걸려온 건 오후 5시쯤이었다. 그는 화를 내서 미안하다며 이렇게 말했다.

"함 대표, 고생했어요. 그대로 진행하세요. 도저히 불가능할 것 같은 일을 함 대표가 잘 해결했어요."

수고했다는 말과 함께 부도 사태 이후 고맙다는 말을 들은 건 그때가 처음이었던 듯싶다. 언론에서는 바른손 인수합병을 성공적인 M&A 사례로 평가했다. 내가 이 일에 주도적인 역할을 한 사실이 알려지자, 바른손 M&A 스토리를 책으로 출판하자는 제안이 들어오기도 했다. 하지만 이후 예상치 못한 상황이 전개되면서 무력감에 빠진 나로서는 그런 말이 귀에 들어오지도 않았다.

'인수합병은 잘한 일인가?'

온갖 우여곡절을 겪으면서 난관을 헤치고 M&A를 성공시켰는

데, M&A는 또다른 시장이었다. 이 시장을 자세히 들여다보면서 시간이 지날수록 회의감이 밀려왔다. 때맞춰 홍콩과 싱가포르 등지의 외국 투기 자본이 들어오면서 바른손 주가는 급등하는 이변을 낳았다. 5,000원짜리 주식이 25배까지 치고 올라오면서 개미 투자자들이 홍수처럼 밀려들었고, 한순간에 다시 20,000원, 10,000원으로 급락했다. 그때서야 홍콩, 싱가포르 등에서 작전 세력이 개입했다는 사실이 알려졌다.

주가가 폭락하기 시작하자, '이걸 어떻게 해야 하느냐?'는 문의가 쏟아졌다. 생각 같아서는 당장 팔아 버리라고 말해 주고 싶었으나, 도의상 끝까지 함구하는 수밖에 없었다.

결과적으로 인수합병에 따라 대주주 일가는 적당한 시기에 주식을 팔아 큰돈을 챙겼고, 개미 투자자들은 피 같은 돈을 잃어야 했다. 피해를 본 투자자들 중에는 나와 가까운 지인들과 직원들도 있었다. 비록 내가 권해서 주식을 매입한 건 아니라 하더라도 마음의 부담이 클 수밖에 없었다. 주식은 큰돈 번 사람이 있으면 잃은 사람이 반드시 있게 마련이다. 나는 M&A 시장과 증권 회사의 어두운 면을 목도하면서 회의를 느꼈다. 내가 어렵게 살려 놓은 회사에 바라고 기대했던 모습이 아니었기 때문이다.

바른손 임원들은 정해진 수순에 따라서 사표를 내고 회사를 떠나야만 했다. 나 또한 그들 중 한 사람이었지만, 이런 상황까지는 미처 생각지 못했던 일이기에 임원들 볼 낯이 없었다. 나는 모두를 위한다는 사명감으로 헌신했지만, 회사를 살리기 위해 노력했던 임원들이 타의에 의해 물러날 수밖에 없는 결과를 만들고 말았다. 물론 나와 함께 연대보증을 섰던 임원들의 부동산 압류와 금융거래 불량자라는 오명은 벗었지만, 50대 초반의 이른 나이에 은퇴 아닌 은퇴를 해야만 했다.

나는 바른손이라는 회사를 살리는 일에는 최선을 다했지만, 인수 회사와 바른손 임원들의 고용 문제를 놓친 점은 큰 잘못이었다는 걸 뒤늦게 깨달았다. 나는 임원들에 대한 미안함, 그리고 그들과 함께할 수 있는 일을 찾아 그들에게 진 빚을 갚아야 한다는 무거운 마음을 안은 채 사회로 밀려 나왔다.

6

누구를 위한 인수합병이었을까?

바른손 인수합병이 성공적이라는 평가를 받았던 이유는 개인 채권단의 손실을 최소화하는 방향으로 추진되었기 때문이다. 회사를 떠나면서 다소나마 위안이 됐던 것도 이 부분이었다. 하지만 지금에 와서 생각해 보면, 단 몇 %라도 더 챙겨 줄 수 있었으면 좋지 않았을까 하는 아쉬운 점도 있다.

또 하나는 퇴직한 동료들의 처우 문제였다. 인수합병 절차를 마무리한 후, 마지막으로 총대를 메기로 작심했다. 바른손이 경영 위기에 빠졌을 때, 내가 대표이사를 맡아 수습해 준다면 자신이 가진 주식 전부를 임원에게 양도하겠다고 공언했던 대주주에게 한 가지 제안을 어렵게 꺼냈다.

"회장님, 그동안 고생한 직원들을 위해 대주주가 보유한 주식의 30%는 직원들 몫으로 돌려주셨으면 합니다."

갑작스런 내 제안에 당황한 기색이 역력한 대주주에게 내 생각을 전했다.

"우리 회사 전체 구성원들에게 바른손은 직장 이상의 의미를 갖습니다. 회사가 어렵게 된 것은 경영 부실 때문이었지, 그들의 잘못이 아닙니다. 어차피 이렇게 된 마당에 짧지 않은 세월 동고 동락한 직원들에게 위로 차원에서 작게나마 보상을 해주자는 취지입니다."

구체적인 계획도 있었다. 대주주가 보유한 주식의 30%를 내놓을 경우, 그중 절반은 구조조정에서 밀려난 퇴직자들의 몫으로, 나머지 절반은 회사가 정상화되기까지 애써 준 직원들 몫으로 정해 발전기금 형식으로 운용하는 방안이었다.

그 무렵, 창신동은 문구 도매시장이 활성화 되어 있었다. 나는 이곳에 2층짜리 건물을 매입하거나 임대하여 1층은 매장으로, 2층은 공동 사무실 또는 휴식 공간으로 꾸밀 생각이었다. 직장을 구하지 못한 퇴직자들에게는 생계의 발판을, 오갈 데 없는 시니어들에게는 후배들과 경험을 공유할 수 있는 사랑방을 만들어 준다면, 모두에게 뜻깊은 일이 될 것이라고 생각했다.

대주주가 보유하고 있던 사옥과 농원 등의 부동산도 부도 당시에 팔았으면 헐값으로 넘어갔을 텐데, 회사를 회생시킨 상태에서 팔았기에 열 배 이상의 값으로 큰 보상도 받았다.

중간 브로커에게 10억 원을 받고 끝날 수도 있었지만, 30억 원 이상을 받을 수 있다고 내가 만류한 덕분에 대주주 일가는 열 배 이상의 수익을 보장받았다. 그때는 내가 모시던 분이 명예롭게 퇴진할 수 있도록 도우려는 마음이었을 뿐, 다른 의도가 개입할 여지는 없었다.

휴지 조각이 될 뻔한 주식이 큰돈이 됐으니 그 정도 베풀어도 손해 볼 게 없다는 게 설득의 명분이 되었다. 그렇다고 내 판단만 믿고 말을 꺼내지는 않았다. 내 뜻을 알면 대주주도 흔쾌히 수용할 것이라는 중론에 힘입어 단도직입으로 건넨 제안이었다. 또한 바른손 부도 당시에 대주주는 회사 주식을 임원들에게 맡기고 본인은 떠나겠다고 했던 말을 임원들은 다 알고 있었다. 하지만 나에게 돌아온 대답은 차가운 거절이었다.

지금 이 순간, 한동안 잊고 살았던 그 말 한 마디가 불현듯 가시가 되어 뼈를 찌른다. 한때는 우리가 한 배를 탔다고 믿었으나, 그는 전혀 다른 사람처럼 보였다.

대주주와의 협상이 무산된 후, 나와 임원들은 허탈한 마음으로 퇴사하는 것 외에는 다른 선택의 여지가 없었다. 퇴사한 임원들 중에는 자기 사업을 시작해 어려움을 겪는 이도 있었으나, 각자 그들 나름의 새로운 삶을 찾아가고 있었다.

그에 반해, 나는 M&A 시장에서 목격했던 어두운 모습들과 대주주와의 협상 결렬로 인한 충격에서 헤어나오지 못하고 있었다. 나 스스로 허탈함과 자괴감을 극복하려고 귀농을 생각해 보기도 했다. 가방 하나를 둘러메고 시골 농촌을 다니며 귀농한 사람들을 만나 농촌 현장을 살펴보았지만, 귀농은 쉽지 않았다.

그렇게 귀농을 고민하고 있을 무렵, '㈜이브자리'로부터 함께 일해 보자는 제안을 받게 되었다.

7

갑작스런 퇴사, 그리고 새로운 도전

우리나라는 IMF 외환위기를 겪으면서 평생 직장이라는 개념이 무너졌다. 그전까지만 해도 성실히 근무하면 특별한 문제가 없는 한 정년퇴직까지 보장되었다. 하지만 IMF사태를 계기로 조기 퇴사와 명예퇴직이 시작되었고, 구조조정을 통한 감원이 일반화되었다. 또한 기업 간의 인수합병이 이루어져도 고용 승계를 보장 받지 못했다. 혹은 고용 승계를 보장하는 인수합병이라도 임원진은 퇴사하는 게 일반적이었다.

바른손 인수합병에서도 고용 승계를 보장했지만, 임원들은 퇴사했다. 나 역시 바른손을 회생시킨 데 이어 인수합병을 성공적으로 이루어 냈지만, 다른 임원들과 함께 회사를 떠나야만 했다.

아무런 준비도 없이 사회로 떠밀려 나오고 보니, 모든 게 혼란스러웠다. 특히 금융기관을 비롯해 대기업, 중견 기업 등에서 조기 퇴직한 퇴직자들이 급증하면서 사회 문제로까지 비화되었다. 그렇다 보니, 한쪽에서는 새로운 일자리와 고수익 투자를 미끼로 조기 퇴직한 직장인들에게 사기를 치는 피해 사례가 넘쳐났다.

퇴직금을 날려 버린 사람, 집을 담보로 잡혔다가 날려 버리는 뉴스가 메인 뉴스를 장식했다.

직장 생활을 하던 사람이 회사를 나와서 할 수 있는 자영업은 많지 않았다. 중국집, 김밥집, 우동집, 분식집, 공인중개사 등이 대부분이었다. 비교적 쉽고 안전하다고 식당을 차리는 사람은 많았지만 쉽지 않았다. 안타깝게도 그들 중 대부분은 경험 미숙으로 인해 실패의 쓴맛을 봐야 했다. 그 결과, 본인은 물론 가족들까지 경제적 고통을 감내해야만 했다. 심지어 노숙자로 전락하는 사람들까지 생기기 시작했다.

농촌의 현실도 크게 다르지 않았다. 농산물 수입 제한이 풀리면서 농가 부채를 감당하지 못한 젊은층은 농사를 포기하고 도시로 떠났다. 그로 인해 농촌 인구는 점차 줄어들었고, 고령화까지 급격히 진행되면서 농촌에는 휴경지가 늘어나기 시작했다.

그런 한편으로 도시에서 조기 퇴직한 사람들이 고향이나 농촌으로 귀농하여 농촌에 새바람을 불어넣는 듯 했으나, 농사를 지어서 생활하기에는 여건이 뒷받침되지 못했다. 농사를 지어 결산을 해보면, 대부분은 적자여서 귀농을 해서 정착하기에는 현실적으로 어려움이 컸다.

나는 귀농 준비는 더욱 철저히 해야 되겠다는 생각을 했고, 준비를 위해서는 시간이 필요했다. 그래서 퇴직 초반에 침구류 회사 ㈜이브자리에서 함께 일해 달라는 제안을 검토하기 시작했다. 그곳에서 내가 해야 할 일은 신사업 발굴과 기존 이브자리 브랜드의 가치를 새롭게 높이는 작업이었다.

그때까지만 해도 ㈜이브자리의 판매 실적은 서울의 동대문시장과 지방 도시 재래시장에서의 매출이 대부분을 차지했다. 그러나 시장 상황은 변화가 일어나고 있었다. 즉 신도시 상권의 대형 마트 시장은 점점 커지는 반면, 재래시장의 소비는 점점 줄어들고 있었던 것이다. 나는 지금이 이브자리가 새로운 도약을 하는 시기라고 생각했고, 내가 합류해서 새로운 바람을 일으켜 보고 싶기도 했다.

나는 이브자리에 합류하자마자, 새로운 침실문화 조성을 통해 이브자리의 브랜드 이미지를 새롭게 바꿈으로써 젊은 소비자들을 고객으로 만들어 가는 일에 착수했다. 그리고 지금까지의 올드했던 재래시장의 이미지를 바꾸기 위해서는 회사의 CI, BI 작업이 필요하다고 판단했다. 나는 그와 같은 작업을 함께할 광고 회사와 디자인 회사를 찾기 시작했다.

그리고 한편에서는 회사의 기초 작업으로 이브자리가 소비자들에게 어떻게 알려져 있고, 소비자들은 어떻게 인식하고 있는지를 파악하기 위해 설문 조사를 진행했다. 소비자 선호도 조사를 해봐야 회사의 현 주소를 알 수 있고, 그것을 기반으로 이미지를 어떻게 바꾸어 나갈 것인지를 광고 디자인 회사와 논의할 수 있었기 때문이다.

소비자 설문 조사를 진행하는 한편, 디자인 광고 회사를 찾는 데 주력했다. 수소문 끝에 업체 세 곳을 선정하여 미팅 약속을 한 후 그 회사들을 방문했다. 그런데 '크로스포인트'라는 회사는 대표가 직접 나왔고, 나머지 두 회사는 규모가 커서 그런지 팀장, 실장이 미팅에 나왔다.

내 입장에서는 이브자리 회사의 미래와 사운이 걸린 일이었다. 그렇기 때문에, 비록 중견 디자인 회사였지만 대표가 직접 미팅에 참석한 '크로스포인트'가 책임감 있게 일할 것 같은 생각이 들었다. 마침 그 회사가 기존 제품은 늘 새로워지는데 브랜드가 따라가지 못할 때, 브랜드만 바꿔서 매출을 급상승시키는 결과를 만들어 냄으로써 업계의 화제가 되고 있었다. 그 회사가 만든 새로운 브랜드는 '참이슬'이었다.

크로스포인트의 손혜원 대표를 그때 만났다. 그분도 업계의 최고 전문가였다. 나는 이브자리의 BI, CI 작업을 요청했고, 손 대표는 며칠을 고민하더니 요청을 거절했다. 내가 거절 이유를 물으니, 이브자리가 재래시장의 이미지가 너무 강해서 변화를 주는 게 너무 어렵다는 것이다. 나는 그렇기 때문에 새로운 도약을 하려는 것 아니냐고 했더니, 손 대표는 이렇게 말했다.

"자수성가한 경영자는 자신이 회사를 성공적으로 이끌고 있다고 생각하죠. 그렇기 때문에 기존의 자기 틀에서 벗어나 새로운 이미지로 변신하는 건 매우 어렵습니다. 그런 오너를 설득하는 일은 대기업 계열사와 일하는 것보다 훨씬 더 힘들고, 많은 시간과 노력이 필요하죠. 저는 그런 시간을 낼 수도 없고, 설령 시간을 내더라도 그에 따른 비용을 이브자리에서 쓸 것 같지도 않습니다."

나는 바른손에서 했던 일 그리고 이번 일을 해내기 위해 이브자리에 왔다는 것을 설명한 후, 손 대표가 걱정하는 문제는 내가 해결할 테니 이번 일을 꼭 맡아 달라고 설득했다. 또한 소개한 지인을 통해서도 부탁을 거듭한 끝에 어렵게 승낙을 받아냈다.

그로부터 얼마 후 크로스포인트와의 계약은 성사되었고, 곧바로 CI, BI 작업에 돌입했다. 하지만 이브자리 대표와 크로스포인트 손 대표가 계약을 하고 인사를 나누는 자리에서 이브자리에 대한 서로의 관점이 많이 다르다는 것을 알았을 때, 일이 쉽지 않겠다는 생각이 들었다. 이번 작업이 성공적으로 진행되더라도 사업의 승패를 장담할 수 없는데, 시작 단계부터 문제였다.

우선 이브자리 임원회의에 참석하여 크로스포인트가 지금까지 해 온 일들 중에서 성공한 사례들을 소개하며 차근차근 충분히 설명했다. 그리고 크로스포인트의 손 대표에게는 ㈜이브자리의 새로운 이미지를 구도심의 재래시장에서 신도시의 신시가지 로드숍으로 바꾸는 작업을 설명한 후, 새로운 침구문화를 선도하는 기업의 이미지로 만들어 달라고 요청했다.

클라이언트인 이브자리에 와서 P.T.를 하기로 예정된 날이 하루 앞으로 다가오자, 나는 걱정이 됐다. 고민 끝에 특별한 제과점 간식을 준비해서 밤 9시쯤 크로스포인트를 찾아갔다. 일반적으로 P.T. 하루 전에는 최종 점검을 진행하는데, 나도 그 자리에 참석해서 밤을 새우며 준비를 했다. 나는 그 자리에서 이브자리의 대리점 점주와 회사 직원들의 성향을 설명해 주었고, 크로스포인트에서는 새로운 디자인 콘셉트에 대한 자료를 제공했다.

　새로운 변화를 받아들이고 변신하는 일은 모두에게 어렵다. 그래서 나는 완고한 임직원과 변화를 싫어하는 대리점 점주들을 어떻게 설득할 수 있을지에 대해 고민했다. 새로운 디자인은 모두에게 낯설게 다가온다. 그렇기 때문에 디자이너의 새로운 시각을 전달하는 데에는 많은 시간과 노력이 필요하다. 따라서 나는 최대한 시간을 단축시키기 위해 모든 정보를 제공하고 P.T.를 준비했다.

　P.T.가 있는 날, 나는 이브자리 직원들과 함께 크로스포인트의 설명을 듣고 의견을 조율했다. 1차와 2차까지는 원활하게 진행되었지만, 5차에서 서로간에 의견 차이를 보였다. 크로스포인트에서는 이브자리에서 결정을 내리지 않는다는 주장을 했고, 이브자리에서는 더 나은 방향을 제시하며 의견이 대립되었다. 심지어 계약을 파기하자는 말까지 나왔다. 이브자리에서는 계약금과 중도 정리비를 포함한 용역비의 50%를 지불하고 계약을 파기한 후, 자사 디자이너들이 현재까지 나온 크로스포인트 안을 활용하자는 제안도 나왔다.

　회사의 새로운 변화는 디자인 아이디어만 바꾸는 것이 아니라, 지속적으로 디자인 아이디어를 발전시켜야 한다. 그리고 CI, BI가 정리되면 대리점에 간판, 점포의 인테리어 디자인, 그리고 새로운 신도시 신시가지로 확장하는 과정, 그곳에 맞춰 새로운 CI, BI를 적용하는 것, 점포의 마케팅 적용까지 모두가 함께 의논하면서 실천하는 것은 필수적인 요소다.

나는 이브자리의 대표를 설득했다. 기업은 대표가 마음대로 결정하고 휘두르면 안 되며, 전문가를 존중하고 CI, BI를 한 번 결정하면 5년, 10년에 걸쳐 지속적으로 전개해야만 정착할 수 있다. 또한 그 과정에서 시행착오를 겪으며 소비자의 마음을 얻고, 회사의 매출을 지속할 수 있다는 것 등을 설명했다.

다행히도 이브자리 대표는 간곡한 설득에 동의함으로써 전문가의 의견을 존중해 주었다. 1년 동안 진행한 크로스포인트의 CI, BI 작업은 이브자리에 큰 행운이었을 뿐만 아니라, 손 대표에게도 의미 있는 작업이었다. 이브자리의 CI 작업을 수행한 손 대표는 디자인상을 수상하였고, ㈜이브자리는 새로운 침구시장을 선점하면서 성공적으로 확대해 나갔다.

CI, BI 작업을 통해 이브자리는 올드한 재래시장 이미지를 청산하고 젊고 새로운 브랜드로서 침구문화를 선도했다. IMF 외환위기 후유증으로 인해 대부분의 기업이 마이너스 성장을 겪을 때, 이브자리는 매출 확대와 함께 성장을 이어 갈 수 있었다. 이브자리와 함께했던 3년의 시간은 꿈 같이 흘러갔다.

마지막으로, 이브자리의 고춘홍 대표와 김경인 영업본부장, 그리고 모든 임직원들에게 감사의 마음을 전한다. 특히 그 잘나가는 명성 속에서 올드한 이브자리의 새로운 변신을 주도적으로 이끌어 주시고, 나에게 특별한 감동을 선물해 주신 손혜원 대표와 방혜신 실장에게 고마움을 전하고 싶다. "감사합니다."

도전 : 인생 3막을 열다

6장

PROJECT COORDINATOR

1

나만의 원칙으로 길을 찾다

이브자리에서 CI, BI 작업을 진행하고 매장을 구도심에서 신도시 로드숍으로 전환해 가면서 새로운 모습으로 탈바꿈시키는 3년은 즐거우면서도 힘겨운 시간이었다. 자신이 맡은 일을 성공적으로 정착시키고, 기업 경영을 지속 가능하도록 이끌어가는 과정은 힘든 작업이다. 외부에서 온 임원 혼자서 침구 아이템 하나로 30년을 지켜 온 오래된 조직을 바꿔 나가는 일은 무모한 도전이 아니었던가 싶다. 다행스럽게도 함께 참여해 주신 크로스포인트의 손혜원 대표와 임직원들, ㈜이브자리 고춘홍 대표의 전폭적인 지지와 신뢰가 있었기에 원하는 결과를 만들어 낼 수 있었다.

1년차에는 CI와 BI 작업을, 2년차에는 이브자리 전체 매장과 대리점을 리뉴얼하면서 새로운 마케팅을 전개했다. 신도시와 신시가지 침구시장에 안착하는 데에는 3년이라는 시간과 대규모 자금, 임직원들의 뜨거운 열정이 필요했다. 그리고 이브자리가 어느 정도 자리를 잡으면서 지속 가능한 성장에 대한 확신이 들자, 이전부터 생각해 왔던 귀농 준비에 몰두하기 시작했다.

3년 전, 바른손에서 퇴직하고 귀농을 생각하며 농촌을 찾았던 2000년 당시의 농촌 경제는 매우 열악했다. 논밭은 휴경지가 많았고, 농촌 인구의 고령화가 빠르게 진행되고 있었다. 그 당시 농촌의 농업소득은 당장 먹고 사는 문제만 해결할 수 있는 수준이었다.

내가 조사한 바에 따르면, 새로운 농업 투자(시설 하우스)와 농기계 구입(장기 저리 대출)의 경우 단기적으로는 문제가 없었다. 그러나 신규 농업 투자가 장기화 되고, 대출금에 대한 이자와 원금 상환이 돌아오면 상황은 더욱 어려워지는 것으로 나타났다. 그에 따라 농가의 빚은 점점 늘어나고, 농업소득 감소로 인해 젊은 이들이 농촌을 떠나 도시로 향하는 현상이 가속화되고 있었다.

나는 이러한 환경을 전제로 농촌에 정착해 농업소득만으로 살아갈 수 있는 방법을 고민해 보았다.

'농촌에서 잘 살고 있는 부농의 조건은 무엇일까?'

오랜 고민 끝에 가장 먼저 특수 작물이 눈에 들어왔다. 인삼, 딸기, 쌈채소, 고추 등의 작물을 비롯해 외국 회사가 해외에서 수입해 시장을 주도하는 파프리카, 키위 등의 특수 작물이 재배되고 있었다. 그리고 과수 농사는 오랜 시간을 통해 정착한 농민들에 의해 이루어지고 있었다.

나와 같은 초보 귀농인은 단기간에 농업으로 소득을 일으켜야 하기에, 새로운 특수 작물로 눈을 돌려 해외 시장을 조사해 보기로 했다. 우선 고소득 작물이 필요했다. 가까운 일본 시장과 미국 시장을 조사해 보니 블루베리, 체리, 딸기와 건조 식품으로 호두, 그랜베리가 눈에 띄었는데, 나에게는 생소한 과일이었다.

마침 미국에 거주하는 조카(함용찬과 순조)가 있어서 블루베리에 관한 자료 조사를 부탁했다. 국내에서는 농림부 관계 종사자들도 모르고, 자료가 없어서 미국 조카들에게 부탁한 자료를 처음 봤을 때 나는 깜짝 놀랐다. 물론 미국 블루베리협회에서 정리한 자료였지만, 정말로 좋은 과일이라는 생각이 들었다. 더욱 흥미로웠던 건 〈뉴욕타임스〉지가 선정한 세계 10대 슈퍼 푸드로 그 효능이 이미 검증되었다는 게 큰 장점이었다.

그런데 한국에는 왜 없을까? 기후나 토양이 안 맞나? 이런 의문을 가지고 수소문하면서 자료를 수집하던 중에 평소 즐겨 보는 건강 프로그램에서 블루베리에 관한 정보를 접하게 되었다. KBS의 〈생로병사의 비밀〉이라는 프로그램이었는데, 주제는 당뇨병이었다. 방송에서 '블루베리'라는 단어가 나오자 나는 더욱 집중하며 시청했다.

북유럽 핀란드 현지의 사례 연구를 직접 촬영한 내용이었다. 북유럽에 위치한 핀란드는 추운 기후로 인해 기름진 고기와 술을 많이 먹는 국민들이 많아 젊은 나이에 당뇨병을 앓는 환자들이 많다고 했다. 프로그램에서는 핀란드 당뇨 환자 중 80대 노부부의 사례가 소개되었다. 그들도 40대 나이에 당뇨가 왔고, 그때부터 당뇨 관리를 하고 있는데도 80대가 된 지금까지 건강하게 살고 있다고 했다.

부부는 당뇨 관리를 위해 세 가지를 잘 수행하고 있다고 말했다. 첫째, 당뇨 관리를 위해 정기적으로 병원에 가서 당뇨 체크를 한다. 둘째, 매일 1시간 이상 걷거나 운동을 하면서 체중 관리와 성인병 관리를 한다. 셋째, 식이요법으로 탄수화물 섭취를 줄이고 성인에게 좋은 영양소 섭취, 그리고 당뇨 관리를 위해 블루베리를 주식으로 먹는다.

그 부부의 식이요법을 소개하면, 아침과 저녁 식사로 불린 귀리에 견과류와 콩을 넣고 귀리죽을 끓인 후, 카레라이스와 같은 방법으로 접시에 블루베리를 담고 그 위에 귀리죽을 올려 먹었다. 블루베리 귀리죽과 과일을 아침 저녁으로 먹고, 점심에는 고기와 빵, 와인 등을 먹고 싶은 대로 먹는다고 했다. 80대 노부부는 시골에서 매일 한두 시간씩 산책하고, 매일 블루베리를 먹고, 심지어는 점심에도 블루베리 잼을 바른 빵을 먹고, 아침에는 블루베리 주스를 한 잔씩 마신다고 했다. 블루베리가 주식이었던 것이다.

나는 그 프로그램을 보면서 핀란드가 장수 국가인 점에 주목했다. 이제는 건강과 장수를 위해 밥과 빵이 주식이 될 수 없는 시대가 왔음을 느꼈다. 블루베리의 효능에 대해 더 확실한 정보를 가질 수 있었다. 블루베리는 혈액 순환을 촉진하고 노화를 방지하는 항산화 효과가 좋다고 말하고 있었다. 그 당시 KBS의 〈생로병사의 비밀〉 프로그램은 신뢰도가 높은 인기 프로그램이었기 때문에, 나는 블루베리에 확신을 갖게 되었고, 〈타임〉 지가 선정한 세계 10대 장수 식품에 대해 관심을 가지고 면밀히 조사하기 시작했다.

내 인생의 3막은 블루베리에 꽂혀서 시작되었다. 나는 블루베리를 찾아나섰다. 블루베리의 원산지가 북미라는 것을 알고 미국에 사는 조카 용찬이에게 블루베리 농장을 방문하고 싶으니, 견학이 가능한 농장을 알아봐 달라고 부탁했다. 가능하면 블루베리 농장주가 한국인이면 더 좋겠다는 말도 덧붙였다. 그러던 어느 날, 미국의 블루베리 농장을 소개하는 TV 프로그램에서 재미동포 이대현 씨의 블루베리 농장을 보게 되었다.

그의 인터뷰를 정리하면 미국에는 블루베리 농장이 많은데 모두가 고소득을 올리고 있으며, 자신도 고소득을 올리고 있다는 내용이었다. 그는 미국에서는 블루베리 나무를 '달러 트리(Dollar Tree)'라 부른다고 하면서 자신의 농장을 자세히 소개했다. 바로 내가 찾는 과일이었다. 블루베리는 성인 키 정도 되는 나무에서 보라색 열매를 맺어 수확하는데 옛 인디언들은 '신이 주신 선물'이라 했으며, 현대 미국인들은 '기적의 슈퍼 푸드'라 부른다고 했다. 블루베리는 한 번 심으면 50~70년까지 수확이 가능하다고 했다. 이대현 씨의 설명에 의하면, 우리나라에서도 재배가 가능하다고 했다.

나는 곧바로 방송국에 전화를 걸어 이대현 씨의 연락처를 수소문한 끝에 그의 연락처를 알아냈다. 그러고는 이대현 씨에게 전화를 걸어 농장을 방문해도 되겠느냐고 물었고, 그는 언제든 오라고 흔쾌히 대답했다. 나는 그와의 통화에서 블루베리에 관한 많은 정보를 얻을 수 있었다. 그에 따르면, 블루베리가 우리나라 기후에도 잘 맞으며, 이미 서울대학교 이병일 교수가 시험 재배를 하고 있다고 했다.

블루베리 2년차 묘목을 심고 3년이 지나면 수확이 가능하고, 성목(5년차)이 되면 수확하기 시작해서 1그루에 5kg 정도의 블루베리를 50년간 수확할 수 있다니, 정말 대단한 나무라는 생각이 들었다. 그리고 수확한 블루베리의 가격은 농장에서 도매시장 납품가가 kg당 15,000원, 일반 마트의 소비자가격은 kg당 25,000~35,000원대에 형성된다고 한다. 그리고 수확 시기는 6월(조생종)이라고 한다.

정리하면 이렇다.

밭 1,000평에 블루베리 나무 1,000주를 심을 경우
5년 후부터 1주에 5kg을 수확하면
5kg×1,000주 = 5,000kg(수확량)
1kg×15,000원×5,000kg=75,000,000원

밭 1,000평에서 이 정도의 수확과 조수익이 나온다면, 놀라운 고소득 작물이 아닐 수 없었다. 피폐해 가는 우리 농촌에도 큰 선물이 될 수 있겠다는 생각이 들었다.

IMF사태 여파로 인해 한국 사회는 많은 변화가 있었고, 조기 퇴직한 인구가 늘어나 새로운 일자리가 필요했다. 그리고 농촌의 농가는 적자를 거듭했기에 젊은 사람은 도시로 나갔고, 노인들만 남아 있는 실정이었다. 이러한 농촌에는 새로운 고소득 작물이 절실했다. 고소득 작물이 농촌에 도입된다면, 일자리가 많아져 조기 퇴직한 도시 근로자들의 귀농, 귀촌이 이루어질 것이라고 생각하니 가슴이 벅차오르기 시작했다.

나는 블루베리로 내 인생 3막을 함께해도 보람된 일이라 생각하며 서둘러 미국 뉴저지의 농장을 방문하기로 하는 한편, 블루베리 농장의 사업성 검토에 들어갔다.

우선 우리나라에서는 재배하지 않는 작물이라는 점이 마음에 들었다. 물론 처음 재배하는 사람들의 리스크는 크겠지만, 좋은 작물을 한국 농촌에 보급한다는 뜻 깊은 일이라는 생각도 들었다. 하지만 처음 도입하는 작물을 시장에 접목하는 일은 결코 쉽지 않다는 점을 잘 알고 있었다. 비록 농업은 처음이었지만, 농업인들과 함께 사업성을 검토하면서 일종의 사명감을 느끼기도 했다.

블루베리 수확철이 6~7월로 일찍 수확하는 것도 큰 장점이었다. 장마철만 피한다면 좋겠다는 생각도 했다. 그리고 블루베리 선진국에서 각광 받는 건강식품이라는 점, 21세기의 식품 트랜드에 부합한다는 점, 그리고 세계적인 언론사인 〈뉴욕타임스〉에서 세계 10대 슈퍼 푸드로 검증해 주었다는 점도 블루베리를 선택하는 데 크게 작용했다.

한국에서 블루베리 재배에 성공하는 것도 힘들지만, 고소득 작물을 재배하여 새로운 시장을 개척하고 마케팅, 홍보를 병행하며 상품을 개발해서 시장에 정착시키는 작업은 기업 경영 전문가의 몫이라고 생각했다. 그렇기에 블루베리를 보급하는 일은 어려운 살림의 농촌 경제를 살리고, 퇴직한 도시 근로자들을 위해 농촌에 일자리를 제공할 수 있는 보람된 일이기도 했다. 나는 설레는 가슴으로 미국의 블루베리 농장 방문을 준비했다.

2

연금나무, 블루베리 농장을 꿈꾸다

북미 대륙에서 수천 년을 살아온 인디언들에게 자연 속에 널린 블루베리는 '신이 내린 과일'로 불리었다고 한다. 사냥을 할 수 없는 혹한기를 대비하여 블루베리 보관법을 익힌 인디언들은 건조시킨 블루베리를 만병통치약으로 이용하기도 했다.

17세기 무렵, 신대륙을 찾아 미국 동북부에 자리 잡은 영국의 이주민들 대부분은 가난한 하층민들이었다. 그들은 인디언들로부터 야생의 블루베리 채집과 보존 방법을 배운 덕분에 겨울철 굶주림을 피할 수 있었다고 한다. 남북전쟁 당시에는 블루베리 음료가 병사들의 필수품이었다고도 한다.

한편, 북극권에 인접한 핀란드 사람들은 육식 위주의 생활과 운동 부족으로 인해 비만, 고혈압, 당뇨 환자 비중이 매우 높다고 한다. 특이한 점은 40대 나이에 당뇨 발병률이 가장 높은 것으로 알려진 이 나라가 아이러니하게도 대표적인 장수 국가라는 사실이었다.

우리나라는 1980년대부터 소득 향상으로 채식 위주의 식단에서 육식 위주의 식단으로 바뀌기 시작했다. 가난을 겪었던 탓에 고깃집에 가면 한풀이를 하듯이 고기로 배를 채웠다. 1990년대에 들어오면서부터 성인병 발병률이 높아졌고, 주 5일 근무제 이야기가 나오면서 건강한 삶과 행복지수에 대한 관심이 높아지기 시작했다. 그에 따라서 우리의 식생활 문화도 바뀌어 갈 것이라 확신하는 데이터가 언론에 등장했다. 그 결과 우리나라 국민들도 비만과 다이어트에 관심을 갖게 되었고, 자연스럽게 KBS의 〈생로병사의 비밀〉 같은 건강 프로그램이 최고 인기 프로그램으로 떠올랐다. 이를 계기로 나는 기존의 우리 식탁 메뉴를 점검하기 시작했다.

내가 귀농을 준비하던 시기에는 짜고 매운 양념에 기름진 음식을 좋아하는 한국인의 식단에 변화가 요구되고 있었다. 늙으면 고혈압이나 당뇨 같은 성인병 하나쯤 달고 사는 걸 어쩔 수 없는 노화 현상으로 받아들이는 현대인들에게 블루베리는 식탁 문화의 혁명을 불러오기에 충분했다.

나는 블루베리를 공부하면서 과일의 소비가 소득 수준에 따라 달라진다는 사실을 알게 되었다. 예를 들어 국민소득이 1만 달러가 되면 바나나와 사과를 먹기 시작하고, 2만 달러가 되면 오렌지와 딸기를, 3만 달러가 되면 체리와 블루베리를 먹는다. 선진국에서 조사한 각종 연구 자료를 통해서도 그 차이를 분명히 알 수 있었다.

좁은 면적에서 사과, 배, 단감, 감귤, 포도, 복숭아 6대 과수에만 집중한 탓에 갈수록 경쟁력이 떨어지는 한국의 농가 현실을 감안할 때, 블루베리는 '달러 트리(Dollar Tree)' 또는 '연금나무'로 서의 미래 가치가 충분했다.

나는 재미동포 블루베리 사업가 이대현 씨가 말한 서울대 이병 일 교수를 찾아갔다. 그는 서울대를 통해 블루베리의 시험 재배를 시작하게 되었다고 말했다. 이병일 교수를 통해서 블루베리에 관해 많은 정보를 들을 수 있었다. 그의 연구 결과에 따르면, 블루베리는 한국 기후에서도 재배가 가능하지만, 토양의 산도(PH)가 4.0~4.5 정도는 되어야 한다고 했다. 토양은 '피트모스'라는 상토를 사용하고, 유황으로 산도 조절이 가능하다고 했다.

우리나라 시험 재배지는 남해와 영동, 상주, 평창, 수원 등이 있으며, 고랭지인 평창을 제외하고 그 외의 지역은 문제가 없다고 했다. 백두산의 들쭉, 전라도의 월귤, 중부지방의 산앵두가 우리나라의 토종 블루베리라는 것도 처음 알게 되었다. 설명을 마친 이병일 교수에게 상업 재배를 할 것이냐고 묻자, 그는 이렇게 말했다.

"이제 본격적으로 블루베리 상업 재배를 준비할 때인데, 나이도 있고 해서 그럴 여유가 없어요."

칠순에 가까운 이병일 교수는 시험 재배는 끝났으나, 취미로 블루베리 연구 농장을 운영하겠다는 뜻을 내비쳤다. 나는 말이 나온 김에 생각해 두었던 사업 계획을 밝히고 솔직하게 도움을 청했다.

"제가 블루베리 농사를 지어 볼까 하는데, 아는 게 많지 않습니다. 교수님께서 지도해 주실 수 있겠습니까?"

"함 선생 같은 경영 마인드로 블루베리 농사를 짓는다면, 기꺼이 도와야지요. 한국에서도 이제 시작할 때입니다."

기꺼이 도와주겠다는 그의 말이 내게는 큰 힘이 되었다. 집으로 돌아오는 내내 이대현 씨가 말한 '달러 트리'가 눈앞에 아른거렸다. 이대현 씨와는 어렵지 않게 통화가 이루어졌다. 그에게 농장을 방문하고 싶다고 하자, 선선히 응해 주었다. 나는 설레는 마음으로 짐을 꾸렸다. 미국 방문은 처음이 아니었으나, 그때만큼 비행기가 더디게 간다고 느껴진 적은 없었던 것 같다.

나는 비행기 안에서 블루베리에 대한 시장조사 결과와 사업 계획서를 꺼내 들고 경영 전문가 입장에서 점검하기 시작했다.

첫째, 블루베리가 한국 농가에서 처음으로 상업 재배를 시작하는 작물이라는 점이 좋았다.

둘째, 농산물이지만 수출이 가능한 작물이었다.

셋째, 농업소득으로 연 3만 달러가 되면 좋겠다고 생각했는데, 블루베리는 1,000평 농사로 선진국 수준인 연소득 3만 달러의 농가 수입을 올릴 수 있겠다는 생각이 들었다. 그렇다. 블루베리가 바로 내가 찾는 농작물이었다.

그럼에도 불구하고 블루베리가 한국에 들어오지 않은 이유는 무엇일까? 이런 좋은 작물이 왜 아직 안 들어왔을까?

혹시라도 블루베리가 한국 소비자들에게 외면 받지 않을까? 즉

도입 시기가 너무 빠른 것은 아닐까?

나는 이런저런 생각들 속에서 워싱턴의 형님 집에 도착했다.

다음 날, 나는 형님과 조카 용찬이와 함께 뉴저지로 향했다. 가는 도중 차 안에서 조카는 블루베리가 사람에게 좋은 과일이라고 추천하면서, 내게 무척 신선하고 좋은 선택이라고 말해 주었다. 하지만 미국에서도 먹는 사람만 먹고 안 먹는 사람이 훨씬 많다는 사실도 알려 주었다. 결국, 시장조사를 좀 더 철저히 하는 수밖에 없었다.

뉴저지 주에 있는 이대현 씨의 자택으로 찾아가자, 그는 다소 당황스러운 기색을 나타냈다.

"정말로 이곳까지 오실 줄은 몰랐습니다."

방송을 보고 직접 찾아오겠다는 한국 사람은 많았지만, 실제로 찾아온 사람은 내가 처음이라고 했다.

원래 그는 뉴욕에 살면서 택시 사업과 장미꽃 노점상을 병행하다가 7년 전에 뉴저지로 이주했다고 한다. 장미 농장을 크게 해 볼 생각으로 교포의 소개를 받아 농장을 구입했는데, 와서 보니 블루베리 농장이더라는 것이다. 그런데 블루베리가 고소득 작물이라는 사실을 알고는 그냥 눌러앉아 블루베리 농사를 지었다는 그는, 어쩌면 그게 행운인지도 모르겠다며 씁쓸한 웃음을 지었다. 그는 운명과도 같이 농장을 시작한 셈이었다.

나는 그가 살아온 이야기를 듣는 틈틈이 블루베리 재배가 사업 전망이 있는지 없는지를 알아보기 위해 집안 분위기를 살펴보았다. 이럴 때, 내가 판단의 기준으로 삼는 건 '여유 있게 사는가, 아닌가?'이다. 때로는 겉으로 보이는 이미지가 모든 것을 말해 주기도 한다. 소득이 높은 사람에게서는 남다른 삶의 질이나 품격이 느껴지기 마련이다.

내 어머니께서는 생전에 그 집안이 얼마나 잘 사는지는 그 집의 부엌을 보면 알 수 있다는 말씀을 자주 하셨다. 부엌이 청결하고 솥뚜껑에 기름이 잘잘 흘러야 음식이 정갈하고, 살림도 잘 꾸려 간다는 의미였다. 내가 부산에서 하숙집을 구하러 다닐 때도 비슷한 경험을 했었다. 구형 주택이더라도 넓은 방이 있고, 부엌이 깔끔하면 생활 수준이 높았다. 대부분 이런 집은 경제적으로도 여유가 있었다.

이대현 씨의 집은 한국의 전형적인 시골 농가 분위기를 물씬 풍겼다. 부엌은 정리정돈이 안 되어 있었고, 식자재며 조리 도구가 여기 저기 널려 있어서 깔끔한 모습과는 거리가 멀었다. 그런데 그의 부인이 조리해서 내놓은 우거지 된장찌개는 부엌에 대한 나의 고정관념이 무색하리만치 맛이 일품이었다. 식사를 하고 가라고 했을 때, 우리가 그냥 가겠다고 하니 안 먹고 가면 후회할 것이라고 말한 이유를 알 수 있었다.

후식으로는 칠레산 블루베리를 내놓았다. 처음 먹어 보는 블루베리라서 기대가 컸으나, 의외로 아무런 맛이 없었다. 실망과 당혹감이 교차하는 순간이었다. 블루베리는 이렇게 먹어야 맛이 있다며 이대현 씨 장모 되시는 분이 블루베리를 한 주먹 집어 주었다. 그분이 가르쳐 준 대로 입 안 가득 블루베리를 머금고 음미해 보았다. 비로소 아주 달지도 시지도 않은 슈퍼 푸드의 오묘한 풍미가 느껴졌다.

이대현 씨는 확실히 성공한 블루베리 사업가 같았다. 뉴저지 평야에 끝도 없이 펼쳐진 농장이 그 사실을 증명해 주었다. 아쉬웠던 건 겨울이어서 볼거리가 별로 없었다는 점이었다. 블루베리는 여름이 시작되는 6월부터 약 1개월에 걸쳐 수확하는 게 일반적이기 때문이다. 이대현 씨는 내가 정말로 찾아오리라고는 생각하지 않았던 탓에 기왕이면 6월에 오라는 말을 미처 하지 못했다며 미안해했다.

잎은 다 떨어지고 가지만 앙상하게 남은 블루베리 나무가 황량한 벌판을 가득 메우고 있었다. 농장을 한 바퀴 도는 데만 자동차로 2시간 가까이 걸렸다. 50만 평 규모의 농장이 세 곳으로 나눠져 있어 시간도 걸리고, 드넓은 농장 규모를 보고 놀라지 않을 수 없었다. 50만 평이면 잠실종합운동장의 세 배에 달하는 면적이었다.

점심때가 되어 식사를 하려고 보니, 농촌이라서 아담한 레스토랑이 몇 군데 있을 뿐이었다. 끝없이 펼쳐진 블루베리 벌판에 작은 상가 몇 곳이 보였다. 그런데 여기서 또 한 차례 반전이 있었다. 나와 함께 온 조카가 주차장에 가득 세워진 차를 보고는 놀란 표정을 지었던 것이다. 시골 외진 곳에 자리 잡은 레스토랑 주차장에 고급 차들이 즐비한 광경을 보았으니 그럴 만도 했다. 워싱

턴에도 이렇게 비싼 차가 한곳에 모여 있는 경우는 드물다는 것이다. 이야기를 들어보니, 이곳에서 블루베리 농업을 하는 사람들은 모두가 부농이라서 그렇다고 한다.

"여기 사람들은 전부 대농(大農)이라서 좋은 차만 타고 다녀요. 나 같은 소농(小農)은 가난뱅이에 속하죠."

이어지는 이대현 씨의 설명이 내게는 더 놀라웠다. 농장 부지는 땅 주인이 따로 있다고 한다. 수십만 평에서 수백만 평에 이르는 블루베리 농장 대부분이 임대로 운영된다고 한다. 그리고 해마다 관광객이 몰려오기 때문에, 농장주들은 블루베리 판매와 수출로 높은 수익을 올린다고 한다. 그래서 블루베리를 '달러 트리'라 부른다고도 한다. 뉴저지는 30년 된 나무가 대부분이지만, 100년 전부터 블루베리 농업을 이어 온 미시간 주에 가면 70년 된 블루베리 농장을 볼 수 있다고도 했다. '달러 트리'라는 표현은 결코 과장된 것이 아니었다.

'재배 100년이 넘은, 신이 내린 과일 블루베리를 우리나라에서 아직까지 재배하지 않은 데는 이유가 있을 텐데…'

나는 한국으로 돌아오는 비행기 안에서 그 이유를 찾아내기 위해 생각에 생각을 거듭했다.

3

아낌없이 주는 나무 : 미국 농장 방문

나는 그해 6월, 다시 미국행 비행기에 올랐다. 수령(樹齡)이 70년 된 블루베리 농장을 견학하는 게 이번 여행의 주목적이었다. 미시간 주의 블루베리 농장 방문에는 미국에 사는 조카 함용찬이 동행해 주었다.

50대 초반쯤(?) 되어 보이는 농장주 부부가 우리를 친절하게 맞아주었다. 원래 이곳은 수녀원에서 운영하는 농장이었다고 한다. 수녀원에서 농장을 매각할 때, 농장주 아버지의 여동생인 수녀의 권유로 이곳을 사들여 블루베리 농사를 시작한 것이 여섯 남매의 생업으로 이어졌다고 한다. 남자 삼 형제는 블루베리 농사와 유통을, 자매들은 가공식품 공장과 블루베리 숍을 맡아 운영하고 있었다. 가족 전체가 블루베리 농장에 참여하고 있으니, 나로서는 놀라울 따름이었다.

광활하게 펼쳐진 농장 안으로 사람들을 가득 실은 트레일러가 분주히 오가는 모습이 보였다. 블루베리 농장을 체험하러 온 관광객들이었다. 부부는 우리를 사무실로 안내했다. 모니터 화면을 통해 블루베리 농장의 정보를 구획별로 한눈에 알 수 있는 프로그램을 보니, 감탄사가 절로 나왔다. 각 지역의 기온, 습도, 수분 함량, 토질 영양 상태 등의 정보를 실시간 모니터 화면으로 볼 수 있어 언제든지 확인하고 필요한 조치를 할 수 있었다. 이러한 기능을 통해 과학적인 영농 정보를 제공받고 있었다.

이곳 농부들은 프로그램에서 제공 받는 과학적인 영농 정보를 토대로 자신의 농장에 필요한 물의 양만큼 스프링클러를 조절할 수 있다고 한다. 지금은 우리나라도 첨단 농업기술이 도입되었으나, 당시는 CC-TV와 타이머를 설치한 자동 관수 시설, 비닐하우스 자동 개폐 시스템과 액비를 관수 시설을 이용해 정확히 시비하는 것 등이었다.

사무실 옆에는 말로만 듣던 70년 된 블루베리 농장이 있었다. 그때 내 나이 54세. 나무를 마주하는 기분이 묘했다. 사람으로 치면 칠순. 안빈낙도를 추구해도 누가 뭐라고 하지 않을 수령임에도 나무는 마치 자연으로 태어난 제 소임을 다하려는 듯이 줄기차게 열매를 맺는다니 신기하게만 보였다.

농장주는 사무실 옆의 블루베리 밭이 인기 있는 나무라고 했다. 수령이 오래된 탓에 열매가 작기는 해도 농장을 찾은 블루베리 수확 체험에는 톡톡히 한몫을 담당한다는 것이다. 우리가 사무실에서 이야기를 나누는 동안에도 자녀와 함께 농장을 체험하러 오는 가족 단위의 방문객들이 끊임없이 이어졌다.

아이들이 딴 블루베리는 부모가 마켓을 겸한 농장 사무실로 가져와서 값을 치르고 포장해서 갔다. 실컷 따 먹고 바구니에 하나 가득 채워 포장해 가는 블루베리 1팩의 가격은 약 3달러(120g)였다. 한 팀이 가면 또 한 팀이 오고, 주인은 사무실에 가만히 앉아 있기만 해도 회전율이 꽤 높았다. 알아서 달러가 들어오는 달러 트리임이 분명했다.

"저 블루베리 나무한테 아침저녁으로 인사는 합니까?"

"인사는 왜요?"

"70년 동안이나 돈을 벌어 준 고마운 나무 아닙니까? 당신보다 나이도 많으니까, 아침저녁으로 고맙다고 인사해야죠."

농장주가 그제야 내 말을 알아듣고는 껄껄 웃는다. 생각할수록 대견한 농장이 아닐 수 없다. 70년 된 블루베리 과수원 앞에서 농장주와 함께 기념사진을 찍었다.

농장 정문 앞에 가격표가 붙어 있는 캠핑카가 유독 눈길을 끌었다. 내가 유심히 바라보자, 농장 주인이 설명을 보탠다.

"아이들이 어렸을 때는 자주 놀러 다녔는데, 지금은 다 커서 세워 놓고만 있습니다."

농장 주인의 아내는 주차장 한편에서 농구를 하는 남학생 둘을 가리키며 흐뭇한 표정을 지어 보였다. 한국에서 입양한 아이들이라고 했다. 요란하게 염색한 머리, 체인을 주렁주렁 매단 힙합 바지와 귀고리가 내 눈에는 다소 거슬렸다. 혹시 양부모 속을 썩이는 건 아닌지 염려스러웠기 때문이다.

다음 날, 부부가 우리를 점심 식사에 초대했다. 골프장 클럽 하우스 내에 있는 레스토랑은 실내 분위기가 고급스러웠고, 음식은 정갈하고 맛이 있었다. 단순히 밥 한 끼 대접하자고 마련했다기보다는 멀리서 찾아온 손님을 대하는 부부의 속 깊은 배려가 느껴졌다.

농장주 가족과 식사를 함께하면서 두 아들에 관한 이야기도 들을 수 있었다. 장남은 법대생이고, 고등학생인 둘째는 회계사를 목표로 열심히 공부하고 있다고 한다. 이야기를 나눠 보니 쾌활한 심성을 지닌 아이들이었다. 아이들의 겉모습만 보고 쓸데없는 걱정을 한 것 같아서 아이들에게 미안한 마음이 들었다. 교사 출신인 농장주의 아내는 두 아들이 초등학교를 졸업한 뒤 공부 뒷바라지를 위해 교사 직을 퇴직했다고 한다. 훌륭한 부모 밑에서 아이들도 올바르게 자라는 건 당연한 이치라는 생각이 들었고, 나는 이분들께 존경의 마음을 담아 감사 인사를 건넸다.

그 후로도 미시간 주 농장을 몇 번 더 방문했고, 나에게는 블루베리 학교가 되었다. 나는 블루베리 재배에서 수확, 유통, 관리, 가공법 등 궁금한 게 있을 때마다 이 농장을 찾았다. 덕분에 원산지 미국에서 가장 전통 있는 우수한 블루베리 농장의 노하우를 배웠고, 이를 우리나라에 적용할 수 있었다.

일반적으로 블루베리 나무는 1그루당 5~7kg을 수확하고, 생과를 제때 못 팔면 냉동 포장해서 유통한다. 냉동 블루베리는 1년 내내 유통이 되고, 냉동 블루베리를 사용해서 모든 가공식품을 생산한다. 동결 건조시켜 분말로 만들거나 잼이나 케이크, 아이스크림 등의 가공식품으로 전환한다. 블루베리는 과일을 활용한 가공식품 중에서도 부가가치가 가장 높고 고급스러운 식품으로 자리매김하고 있었다.

농장주 부부의 배려로 조합에서 운영하는 냉동 가공공장과 생과 저장공장을 견학할 기회도 얻었다. 이곳에서는 유통의 전 과정이 첨단 시스템으로 관리되고 있었다. 개인 사업주가 운영하기에는 경제적 부담이 클 수밖에 없는 자동화 설비를 조합원 공동으로 이용할 수 있도록 만든 시스템을 보니, 미국은 영농 규모가 크고 영농조합을 잘 운영하는 영농 선진국임이 분명했다.

인근의 크랜베리 농장도 눈에 띄었다. 특이한 점은 우리나라의 논과 같이 생긴 밭에서 크랜베리를 재배한다는 사실이었다. 쌀이 남아도는 한국에서 논농사를 대체할 농작물로 적합할 것 같았다. 영농 정보에 취약한 우리나라 농가에 알려 주려고 머릿속에 담아 두었다.

농장주의 자매들이 운영하는 블루베리 가공품 매장과 공장도 견학하러 갔다. 한 자매는 블루베리의 꽃과 잎, 줄기 문양을 넣어 프린팅한 모자, 티셔츠, 앞치마, 액세서리 등의 생활용품을 판매하는 블루베리 아이템 숍을, 다른 한 자매는 잼 공장을, 또 다른 자매는 와인 공장을 운영하고 있었다. 심어 놓기만 하면 버릴 게 하나도 없는 게 블루베리 나무였다.

농장 견학을 마치고 돌아오는 내내 머릿속에서 아이디어가 수없이 떠올랐다.

대한민국을 장수 국가로 만들어 줄 건강식품.

농가 소득 향상에 골몰하는 정부의 고민을 해결할 대체 농작물.

고소득 작물인 블루베리는 달러 트리가 분명했고, 한국 농촌에는 연금나무가 될 수 있다는 확신이 들었다. 이것은 축복이었다.

여기까지 생각이 미치자, 농업인으로서의 성공에 대한 확신이 내 마음을 들뜨게 했다. 한국 농업에서 블루베리 같은 고소득 작물은 가뭄 속의 단비처럼 큰 희망으로 다가왔다. 우리 농촌에 미국과 일본의 블루베리 선진 농업을 접목한다면, 한국의 블루베리 농업이 성공할 것이라는 확신을 안고 한국으로 돌아왔다.

4

공동체를 위하여 : 일본 농장 방문

일본의 블루베리 농업은 우리보다 50년 앞서 시작되었고, 일본은 우리가 블루베리를 생산하게 되면 가장 먼저 주목해야 할 주요 수출국이기도 했다. 나는 도쿄에서 블루베리 세미나가 개최된다는 소식을 듣고 시장조사를 겸해 서울대 이병일 교수와 함께 일본 출장길에 올랐다.

도쿄 농수산물시장은 우리나라로 치면 가락동 농수산물시장 같은 곳이다. 이곳에서 대규모 청과물 도매업을 하는 교포 상인을 통해 블루베리 판매상과 수입 업체를 소개 받은 덕분에 유용한 정보를 얻을 수 있었다.

일본은 블루베리를 생산하기도 하지만, 국내 생산량보다 수입량의 규모가 더 컸다. 미국산 블루베리 수입 업체도 호황을 누렸다. 그만큼 블루베리 소비량이 많다는 얘기다. 일본산 블루베리와 미국산 수입 블루베리 가격을 기준으로 한국에서 블루베리를 수출할 경우, 적정 거래 가격을 추산해 보았더니 소비자가격 기준으로 1kg당 3만 원이 적당하다는 계산이 나왔다.

도쿄 블루베리 세미나는 일본 전국에서 모여든 참가자들로 성황을 이루었다. 특히 대도시인 도쿄에서 블루베리 농장을 경영하여 일약 유명인사로 떠올랐다는 50대 중반 여성의 경험담이 특히 사람들의 이목을 끌었다. 목축업을 하다 돌아가신 아버지로부터 물려받은 땅에 그녀가 블루베리 농사를 짓게 된 건 상속세 부담이 너무 컸기 때문이라고 한다. 일본은 상속 받은 땅을 20년 동안 팔지 않고 농축산업을 계속하는 후손에 대해서는 상속세를 면제하는 제도가 있었다.

　견학 삼아 그녀의 블루베리 농장을 방문했다. 블루베리 700주를 재배하는 1,000평 규모의 농장은 어린이를 포함한 일반인들을 위한 블루베리 체험 농장으로 운영되고 있었다. 이런 농장이 있어서 그런지, 국제적인 대도시 도쿄에서 중심가를 조금만 벗어나면 논과 밭, 과수원을 쉽게 볼 수 있었다. 전원의 향취가 듬뿍 묻어나는 농장 한쪽에는 통나무 카페가 운치 있게 자리 잡고 있었다. 카페에서는 방문객들이 블루베리 머핀, 케이크, 잼, 와인, 식초 등 블루베리 가공식품을 줄을 서서 사고, 블루베리 주스와 케이크, 아이스크림을 먹으며 휴일을 즐기고 있었다. 블루베리 꽃과 열매 문양으로 장식한 앞치마, 모자, 액세서리를 비롯한 각종 생활용품도 진열대에 놓여 있었다.

　어린이 체험 농장은 6, 7월 두 달간 오픈하고, 카페는 매주 금요일부터 일요일까지만 운영한다. 짧은 주말 기간에도 방문객은 수도 없이 몰려들다 보니, 가공품 물량이 부족해서 OEM 주문 생산으로 판매하고 있었다.

또 다른 세미나 주제로는 여성의 자립을 돕기 위한 사회적 기업 형태로 블루베리 농장을 운영하는 현직 도의회 여성 의원의 이야기도 흥미로웠다. 1,500평 규모의 블루베리 농장은 혼자 사는 여성의 자립을 돕는 농장이었다. 이곳에서는 블루베리를 재배하고 수확하는 일부터 가공식품을 만드는 일까지 전부 여성들의 힘으로 해낸다고 한다.

가족 농장이나 협동 농장 식으로 블루베리 농사를 짓는 사례는 일본에서 흔히 볼 수 있는 광경이었다. 남편은 블루베리 농사를 짓고, 아내는 농장 카페를 운영하면서 부부가 같이 일하기도 하고, 마음이 맞는 사람들끼리 공동체를 이루어 살기도 했다.

세미나의 세 번째 주제는 지체장애인이나 뇌졸중 환자의 재활을 돕기 위한 목적으로 대학병원에서 블루베리 농장을 운영하는 곳도 볼 수 있었다. 과수나 원예 작업이 재활 치료에 상당한 효과를 보이기 때문이라고 한다. 최근에는 우리나라에서도 여주와 이천 등의 특수학교에서 블루베리 나무를 재배하고 있다.

블루베리 생과는 껍질과 씨앗을 모두 먹을 수 있으며, 가을에는 단풍이 아름다워 분재나 정원수로도 이용할 수 있다. 가공식품으로 만들 경우에는 블루베리를 냉동실에 보관하며 다양한 식재료로 쓰인다.

일본 출장에서 얻은 성과 중 가장 의미 있는 것은 블루베리를 재배할 경우, 가족 농장으로서의 발전 가능성도 있음을 확인했다는 점이었다. 고령화 되어 가는 농촌에 신선한 활력을 불어넣으려면 젊은이들을 불러들일 수 있는 경제적 여건부터 조성해야 한다. 그런 점에서 고령자와 여성들이 재배하기에도 적합한 블루베리 농사는 경제적인 이유로 뿔뿔이 흩어져 살아가는 가족 구성원을 하나로 묶기에도 적합한 농작물이라는 확신이 들었다.

2005년에 서울대 이병일 교수를 중심으로 블루베리 1세대 몇 사람이 '블루베리연구회'를 결성했다. 이병일 교수가 블루베리 재배에 대한 연구와 교육을 이끌어 가며 우리 농촌에 블루베리를 보급하는 일에 전력을 다했다. 또한 우리는 2년 만인 2007년에는 정식으로 '사단법인 한국블루베리협회'를 결성하여 블루베리 홍보와 마케팅에도 힘을 쏟았다.

국내 언론들에서 블루베리를 기사화하고 2~3년 만에 전국의 많은 농가들이 관심을 갖게 되면서 블루베리에 대한 관심이 폭증했다. 이런 열풍을 타고 일본, 중국 등에서 수입된 블루베리 묘목이 농가에 보급되었다. 그런데 검증도 되지 않은 100여 종에 달하는 묘목 품종이 전국 농가에 퍼지면서 문제가 터지고 말았다. 우리나라 기후와 토양을 고려하지 않고 검증되지 않은 품종을 수입해 보급하다 보니 농가의 피해가 커졌던 것이다.

결국 농수산부에서도 블루베리 재배를 권장하지 않는다는 입장을 내놓게 되었다. 하지만 블루베리 재배 초창기에 미국에서 들여온 듀크 품종은 우리나라 노지에서는 가장 적합한 품종이었다. 실제로도 듀크 품종은 우리나라 재배 농가에서 고소득을 올리는 데 큰 기여를 했다.

재미동포 농장주 이대현 씨는 듀크 품종을 추천했다. 알이 굵고 고른 듀크는 선별기를 사용할 필요가 없는 게 큰 장점이다. 선별기 한 대 가격만 해도 우리 돈으로 약 7억 원에 달한다. 껍질이 단단해서 수확과 관리가 까다롭지 않은 점도 듀크 품종의 장점이다. 조생종이라서 4월에 심으면 6월 초에 수확할 수 있고, 많은 열매를 수확하려면 3년 정도 지나야 한다. 그리고 뉴저지 주 블루베리 단지의 80%는 듀크 품종을 재배하고 있었다.

내가 주도한 첫 번째 농장은 고성에 들어섰다. 나는 고성에 연고가 있는 주주와 그의 친구, 마을 이장이 2,000평씩 6,000평의 땅을 임대한 후, 미국에서 들여온 듀크 묘목 6,000주를 심도록 했다. 농사는 인건비를 따로 지급하기로 하고 마을 이장에게 블루베리 농사를 맡겼다. 이것은 시작에 불과했다. 나는 더 많은 농장을 확보하기 위해 지방 곳곳을 돌아다녔다. 블루베리가 연금나무로 뿌리를 내리려면 앞으로도 갈 길이 멀었다.

천안에 6,000평을 확보해 마련한 농장에는 6,000주를 심었다. 그리고 유기농 블루베리를 생산하기 위해 경북 상주에 유기농 농장을 확보하면서 블루베리 농장을 확대해 나갔다. 내가 농장 확대를 서두른 이유는, 블루베리가 한국 시장에서 생소한 과일이어서 유통에 어려움이 있을 수 있고, 그에 대비하여 시장이 형성된 일본으로의 수출을 고려했기 때문이다. 그리고 수출을 하려면 수확량이 일정량 확보되어야 하기에, 농장 확장을 서둘렀던 것이다.

블루베리가 한국 시장에 생소한 과일이어서 소비자의 수요가 적을 것이라고 생각했던 예측은 보기좋게 빗나가고 말았다. 미국, 일본 등 선진국에 유학했던 사람들의 입소문을 비롯해, 소비자들 사이에 블루베리가 건강식품이라는 인식이 확산되면서 한국 시장에 거부감 없이 유통되기 시작했다.

5

블루베리, 재배와 유통은 가능할까?

내가 블루베리 재배를 시작할 무렵은 한국 농촌에서 농업 매출이 연소득 1억 원 정도는 되어야 '부농(富農)'이라는 말을 들을 때였다. 농업소득으로 연매출 1억 원이 되려면 논농사는 30,000평이 필요하다. 과수원은 10,000평, 인삼은 5,000평, 블루베리는 2,000평이 되어야 연매출 1억 원을 올릴 수 있다. 따라서 블루베리는 다른 농작물에 비해 경제성이 높고, 소득이 높은 고부가가치 과일 농사임에 틀림없다.

처음에는 2,000평만 임차해서 블루베리 재배를 시작할 계획이었다. 블루베리 묘목은 1평당 1그루씩 심어야 열매를 잘 맺는다. 내가 2,000평을 투자 상한선으로 정한 이유는 부농의 기준에 걸맞은 수익 모델을 제시하기 위해서였다.

혼자 블루베리 농사를 지으면 2,000평 정도만 임대해도 되었다. 하지만, 상업 재배를 시작하기에는 규모 면에서 작아도 너무 작았다. 그래서 농장 규모를 키우기 위해 바른손에서 함께 퇴직한 직원 4명과 함께 '㈜블루베리 코리아' 농업 회사 법인을 설립한 후, 12,000평의 농장을 임대하여 재배하기로 했다. 4명의 주주가 각각 매출 1억 원을 손에 쥐려면 최소한 12,000평은 확보해야 한다는 계산이 나온다.

나는 서울대 명예교수 이병일 박사와 함께 시험 재배 농장을 찾아 사업 확장 가능성을 타진했다. 농장주들의 반응은 의외로 시큰둥했다. 대개 그들의 주업은 따로 있고, 블루베리는 뒷전이었다. 이병일 교수가 심으라고 권해서 블루베리를 심기는 했으나, 주업인 농사를 짓기도 바쁘다는 반응이 대부분이었다. 블루베리의 경제적 이점에 대해 열심히 설명했지만, 내 말에 관심을 나타내는 곳은 상주 청화산농원 한 곳뿐이었다.

유기농 채소 농장이 본업인 청화산농장에는 450그루의 블루베리 나무가 자라고 있었다. 농장주에게 물어보니, 수확이 잘 되고 나무도 잘 자란다는 답이 돌아왔다. 그 말이 그렇게 반가울 수가 없었다.

나는 경북 상주, 충북 영동, 강원도 평창 고랭지연구소, 수원 이병일 교수 농장까지 방문하여 블루베리 시험 재배 현황을 확인해 보았다. 그 결과 고랭지인 평창은 생존율이 50% 정도이고, 나머지 농장은 미국 농장의 블루베리처럼 잘 자라고 있었다. 나는 확신을 가지고 미국 이대현 씨에게 묘목 15,000주를 주문했다. 묘목을 수입하는 과정에서 여러 우여곡절을 겪은 끝에 예산농원을 통해 수입할 수 있었다.

예산농원의 소개로 농지를 임차하여 6,000주는 천안 농장에,

6,000주는 고성 농장에 심고 블루베리 농사를 시작했다. 미국에서 묘목 1그루당 7,000원에 산 것까지는 좋았는데, 뜻하지 않은 문제에 봉착했다. 한국에 들어와 검역을 거쳐 오는 구입 가격이 15,000원으로 두 배 이상 부풀려졌던 것이다. 다행히 예산농원에서 농장 토지를 평당 연간 700원에 임대해 주고, 묘목 가격을 15,000원 받는 대신, 연간 평당 3,000원에 블루베리를 심고 재배해 주는 조건으로 계약했다. 나로서는 큰 힘이 되었다. 우리는 천안을 중심으로 블루베리 재배를 정착시킬 수 있었고, 그에 맞추어 본격적으로 사업을 벌여 나갈 수 있었다.

블루베리를 대신 재배해 주는 이들에게는 논농사 대비 세 배의 인건비를 책정해 주었다. 단, 화학비료나 제초제를 일체 쓰지 않는다는 조건이었다. 약속은 잘 지켜지지 않았다. 며칠 후에 가보면 블루베리 나무 주변의 잡초가 빨갛게 말라죽기 일쑤였다. 한동안은 어떻게 된 영문인지 알 수가 없었다. 인부들에게 물어보면 제초제는 안 쳤다고 하고, 잡초가 빨갛게 죽어 가는 이유가 무엇인지 몰랐는데, 제초제를 뿌리면 풀이 빨갛게 죽는다는 사실을 나중에서야 알았다.

잡초를 없애는 제초제는 사람에게 독약이나 마찬가지다. 미군이 월남전에서 살포한 고엽제가 바로 이 제초제 성분이었다. 의심은 가도 확인할 방법이 없어 속이 새까맣게 타들어 갈 지경이었다. 그러는 내가 안 돼 보였던지, 하루는 마을 주민이 귀띔을 해주었다. 잡초 뽑는 일이 힘들다 보니, 인부들이 내가 모르게 제초제를 사용한다는 것이다.

하루는 연락도 없이 곧장 농장으로 갔다. 역시나 블루베리 밭의 잡초가 빨갛게 말라 가고 있었다. 왜 약속을 지키지 않았느냐고 다그쳤더니, 안 그러면 농사를 못 짓는다는 옹색한 항변이 돌아왔다. 나는 월남전에 참전했던 고엽제 피해 환자를 예로 들면서, 제초제가 인체에 얼마나 해로운지를 조목조목 설명하고 나서야 더는 제초제를 사용하지 않았다. 나는 수시로 농가를 돌아보며 블루베리 상태를 점검했다. 시작을 내가 했으니 착실히 돌보는 것도 오롯이 내 몫이라 생각했다.

블루베리는 묘목을 심고 1년이 지나고 2년째에도 수확하지 않고 전지를 하여 1년을 더 키워서 3년차에 수확을 하는 것으로 배웠다. 하지만 나는 궁금해서 잘 자란 블루베리 나무를 강전을 하지 않고 수확을 해볼 요량으로 3분의 1쯤은 2년째에 수확을 해보았다. 미국산 블루베리가 한국에 와서 튼실한 열매를 맺은 걸 보고 감격하지 않을 수 없었다. 너무도 고맙고 감사했다. 알도 크고 맛도 좋았다.

수확한 블루베리를 포장해서 백화점에 가지고 갔는데, 담당자가 보자마자 납품해 달라고 요청하는 게 아닌가. 비록 많은 양은 아니었지만, 처음으로 수확한 블루베리의 첫 판매가 시작되었다. 서울 신세계백화점에 납품한 블루베리가 첫날부터 불티나게 팔려 나갔다. 며칠 지나자 출하가 끝나기도 전에 블루베리를 가지러 온 직원이 농장 앞에 대기하고 있었다. 신세계백화점 측에서는 독점계약을 제의했다. 이미 주문한 블루베리도 물량이 달리는 마당에 소문을 듣고 다른 백화점에서도 주문이 들어왔다. 즐거운 비명을 터뜨릴 새도 없이 생과는 소진되고 말았다.

우리나라 블루베리 시장을 조사해 보니, 생과는 생산도 없었고 수입품도 없었다. 2005년에 냉동 블루베리 200톤이 우리나라에 수입되었을 뿐이었다. 제과 업체를 중심으로 팔려 나간 냉동 블루베리는 아이스크림, 케이크 등의 가공품 원료로 쓰이면서 젊은 층의 입맛을 사로잡았다. 선진국인 미국, 일본의 블루베리협회에서 소비자들의 블루베리 선호도를 조사한 자료에 의하면, 중년 층과 노년층은 각각 20% 정도가 블루베리를 먹어 본 경험이 있는 것으로 나타났다. 반면에 블루베리 선호도가 가장 높은 층은 청소년과 젊은 주부들이었다.

이와 같은 결과는 블루베리가 향후 먹거리 시장의 판도를 좌우할 수도 있다는 확신에 힘을 실어 주었다. 나는 블루베리 재배 농가를 독려하는 틈틈이 은퇴를 앞둔 도시 근로자를 위한 강좌를 개설하여 블루베리 영농법을 전파했다. 처음에는 반신반의하던 사람들도 블루베리 농장을 견학한 후에는 생각이 달라지는 걸 볼 수 있었다. 당시의 각종 경제 데이터와 자료에 의하더라도 블루베리 재배 농가 수와 함께 블루베리 소비량이 급증하기 시작했다.

우리 농촌의 블루베리 재배 농가가 늘어나는 건 나에게 또 다른 기쁨이었다. 협회 회원이 아니라도 도움을 청하는 이들에게는 내가 아는 모든 것을 가르쳐 주었다. 우리의 경쟁 상대는 국내 농가가 아니었기 때문이다. 우리의 경쟁 상대는 블루베리 재배 역사가 긴 미국, 캐나다, 칠레 등의 선진 농가였다. 우선은 일본 시장에 진출하여 미국산 블루베리를 우리의 블루베리로 대체하는 게 나의 목표였다. 그래서 블루베리 수출을 위한 시장조사차 일본을 방문했다.

2007년 초여름, 일본 출장 마지막 날이었다. 오전 8시경 아침 식사를 하려는데 핸드폰이 울렸다. 퇴근 시간 이후 회원들의 문의 전화가 올 경우를 대비해서 회사 사무실 번호를 착신해 놓고 쓸 때였다. 뜻밖에도 블루베리 주문 전화였다. 직원들이 출근하는 오전 9시에 다시 전화해 달라고 당부하고 전화를 끊었는데, 이후로 계속해서 전화벨이 울렸다.

"어디 가면 블루베리를 살 수 있죠?"

"택배로 보내줄 수 있습니까?"

밥 먹을 틈도 없이 계속해서 주문 전화가 걸려 왔다. 영문을 알아보니. 그날 아침 국내 최다 발행 부수를 자랑하는 〈조선일보〉 특집 기사로 천안 블루베리 농장이 소개된 것 때문이었다. 나는 바이어와 최종 미팅을 앞둔 상태였으나 급히 공항으로 향했다. 비행기에서 내리자마자 다시 핸드폰에 불이 났다. 부랴부랴 사무실로 갔더니, 여직원 둘이 걸려오는 전화를 받느라 진땀을 흘리고 있었다. 오죽 힘들었으면 지친 음성에 짜증이 묻어 나왔다.

〈조선일보〉 기자가 농장을 취재하고 1주일쯤 지나 블루베리 기사가 나온다는 얘기를 들었지만, 나는 대수롭지 않게 생각하고 일본 출장을 떠났다. 그런데 블루베리 농장 기사를 본 사람들의 문의 전화가 쇄도했고, 주말에는 블루베리를 사려고 온 사람들과 방문객들로 인해 천안농장은 북새통을 이루었다. 토요일 아침부터 차가 몰리기 시작하더니 농장 근처 교통이 마비되어 교통경찰이 출동할 지경이었다. 천안농장에서 그날 하루에만 블루베리 판매량이 5천만 원에 달했다. 1kg에 30,000원, 총 1,670kg에 해당하는 양이었다.

그다음 주말에도 똑같은 상황이 벌어졌다. 매스컴(신문)의 위력이란 게 이 정도로 대단할 줄은 몰랐다. 2주 연속으로 주말 매출이 하루 5천만 원씩 이틀 동안 1억 원어치의 블루베리가 팔렸다. 2주 만에 한 농장에서 2억 원의 매출을 올린 것이다. 이후로는 그 당시와 같은 매출을 달성하지 못했을 정도로 엄청난 성과였다. 이 모는 게 블루베리라는 과일의 특성과 〈조선일보〉 기사를 신뢰하는 소비자의 반응이 결합해서 만들어 낸 결과였다.

훗날 홈쇼핑을 통해 판매하면서 그 당시와 같은 매출을 올리기도 했지만, 2주 주말 연속으로 천안농장을 가득 메웠던 차량과 사람들의 행렬은 이후로는 다시 볼 수 없었다. 지방의 블루베리 농장에서는 경험할 수 없었던 큰 사건이었다. 이 글을 통해 당시 천안농장을 취재하고 기사를 쓴 〈조선일보〉 박은주 기자님께 감사한 마음을 전하고 싶다.

〈조선일보〉 취재 기사가 나오고 주말에 사람들이 몰려들었던 농장은 우리만이 아니라, 전국의 블루베리 농장이 바빴다고 하니 메스컴의 힘이 대단하다는 걸 새삼 느꼈다. 그리고 그 기사가 나온 후, 다른 신문사의 인터뷰 요청이 많았다. 나는 국민들에게 블루베리를 홍보하는 차원에서 거절하지 않고 신문과 방송 인터뷰에 모두 응했다. 그 덕분에 블루베리는 폭발적으로 확산되었고, 나는 블루베리 농업 1세대 선두 주자로서 유명인사가 되어 강의를 다니기도 했다.

　이런 시절이 몇 년 지나자 블루베리는 삼성경제연구소에서 선정한 올해의 10대 인기 상품에 이름을 올렸고, 이로써 블루베리는 한국에 성공적으로 정착했음을 확인해 주었다.

6

농사는 농부가 전문가

일간지와 경제지를 통해 블루베리가 기사화 되자 블루베리를 찾는 소비자가 급증하기 시작했고, 냉동 블루베리 수입도 해마다 기하급수적으로 늘어났다. 미국, 캐나다, 칠레산 냉동 블루베리는 생과의 3분의 1 가격에 수입되어 식품 가공업체로 불티나게 팔려 나갔다. 다른 한편에서는 블루베리가 인기를 끌자 물량을 확보하지 못한 업자들이 값싼 아로니아를 대거 들여왔다. 이들은 아로니아가 블루베리와 같은 효능이 있다고, 아니 더 있다고 선전하며 소비자를 현혹하고 시장을 교란시켰다. 국내에 아로니아 재배 농가가 우후죽순처럼 생겨나기 시작한 것도 이 무렵이었을 것이다.

블루베리 생산 과열로 생과의 가격이 일시적으로 하락하였고, 토양에 맞지 않는 블루베리 품종을 심어 재배에 실패한 농가들이 아로니아 묘목 업자들 말만 믿고 아로니아를 재배하기 시작했다. 아로니아 열풍은 일시적인 거품에 불과했지만, 그 여파는 블루베리 농장에까지 미쳤다.

나는 미처 판매하지 못한 블루베리를 냉동 과실로 판매하기 위해 냉동 창고를 임대했다. 국산 냉동 블루베리를 출시한 건 우리가 최초였다. 갑작스레 블루베리 시장이 과열된 게 원인이었으나, 여기에는 또 다른 사정이 있었다. 우리가 생산한 블루베리를 한곳으로 몰아서 전량을 출하할 경우, 한정된 경매 시장에 일시적인 병목 현상이 발생해 가격 하락에 직접적인 영향을 미칠 수도 있었기 때문이다.

냉동 블루베리를 이용한 퓨레와 블루베리 식초 등 가공식품을 출시하면서 부가가치가 높은 품목을 연구하던 나는 일본에서 개최한 블루베리 세미나 만찬장에서 맛보았던 블루베리 와인을 떠올렸다. 서점을 뒤져서 찾아낸 한국의 와인 전문가는 강원대 미생물학과 윤권상 교수였다. 그분이 집필한 책 〈와인 만들기〉에는 과일주에 관한 해박한 지식이 녹아들어 있었다. 나는 일면식도 없는 상대를 불쑥 찾아가 블루베리 와인을 만들어 달라고 부탁하기보다는 피차 신뢰할 만한 사람을 통해 소개 받기를 원했다. 협상에는 인맥이 결정적인 영향력을 발휘할 수도 있기 때문이었다.

다행히 강원대 교수로 재직 중인 선배가 중간 역할을 해주어 윤 교수는 처음부터 내게 호의적이었다. 경기도 이천에 1천 평 규모의 농장을 관리하고 있는 그는 전공이 미생물이라 와인은 취미로 계속 만들고 있다고 했다.

나는 그를 만나기 전에 다른 사람에게 와인 제조를 의뢰한 적이 있었다. 몇 사람을 만나본 결과 부르는 게 값이란 걸 알고 나름의 기준을 정했다. 내가 재료를 가져가는 대신, 윤 교수가 제조해서 만든 와인을 서로 반반씩 나누자는 제안이었는데, 그는 이견 없이 받아주었다.

이천 농장에서 제조한 블루베리 와인은 당장 시장에 내놓아도 손색이 없을 만큼 색깔이 곱고 맛도 뛰어났다. 그때까지 윤 교수는 와인만 열심히 만들뿐, 내가 하는 일에 대해서는 관심을 갖지 않는 눈치였다. 그런 분이 미국에 있는 딸과 전화 통화를 한 이후로 태도가 백팔십도로 바뀌었다. 블루베리는 미국에서도 비싼 과일이고 건강에도 좋으니 많이 드시라고 딸이 신신당부하더라는 것이다. 결론은 자신도 블루베리를 재배하고 싶다는 말이었다. 또한 우리가 블루베리 프랜차이즈를 시작한다고 하자, 그는 프랜차이즈 사업에 동참하고 싶다는 의견을 밝혔다.

프랜차이즈 계약을 맺으려면 최소한 2,000평 이상의 땅을 소유하고 있거나 임차계약을 해서 빌려야 한다. 그는 이천에 1,000평 정도 임대할 수 있는 농장이 있다며 그곳에 심고 싶다고 했다. 블루베리 전도사를 자처한 나로서도 난감한 일이 아닐 수 없었다. 우리 농장의 주주들은 블루베리 농가가 늘어나는 걸 탐탁지 않아 했다. 1,000평은 규모가 너무 작아 곤란하다고 에둘러 거절하려 했으나, 윤 교수는 프랜차이즈에 참여시켜 주지 않으면 와인 컨설팅도 하지 않겠다고 농담 섞인 으름장을 놓았다.

신세를 진 마당에 마냥 거절할 수만은 없어 개인 투자 명목으로 나와 윤 교수가 각각 2,500만 원씩 투자하기로 하고 이천 농장에 블루베리 1,000주를 심었다. 농사는 내 힘으로 해도 된다고 생각하는 건 도시에서 귀농한 사람들에게서 볼 수 있는 흔한 현상이다. 처음에는 윤 교수도 그랬다. 수확은 용역을 주더라도 인건비도 아낄 겸 웬만한 건 손수 해결하려는 의지가 강했다.

어느 날, 농장에 갔더니 윤 교수가 제초기를 들고 풀 깎는 일을 하고 있었다. 평생 학생들 가르치는 일을 업으로 삼아 왔으니, 기계 다루는 게 서툴 수밖에 없다. 그러다 사고가 날 수도 있었다. 내 주변에도 도시에서 귀농한 분들이 농축산업을 하면서 사고가 나는 일이 자주 있었기에 만류했다.

"너무 무리하지 말고 주변에서 전문가를 찾아보시죠. 그 사람들이 일을 잘할 수 있게 일당 넉넉하게 주고 관리만 해도 됩니다."

"전문가요? 이 동네에 블루베리 전문가가 있어요?"

나는 의아해하는 그에게 농사를 짓는 이웃 아주머니, 아저씨들이 전문가라고 말해 주었다.

"블루베리 전문 지식은 내가 지도하고 농민들이 농사일을 해야 합니다. 교수님이 직접 농사까지 하시면 안 되지요. 농사는 그 사람들 생계가 걸린 일입니다. 선생님은 맛있는 와인 만들기에만 신경쓰셔야죠."

"아, 그건 함 회장 얘기가 맞네요. 내 딴에는 직접 나서는 게 당연하다고 생각했는데, 내가 농민들 밥그릇을 뺏는 거였군요. 제생각이 짧았습니다."

그 일 이후로는 농장에서 일하는 분들의 일당도 넉넉하게 준다는 이야기를 들었다. 다른 농장은 일당이 5만 원인데, 윤 교수 농장 일꾼들은 7만 원을 받는다고 했다. 한국블루베리코리아 직영으로 운영하는 천안농장에 비해 후한 금액이었다. 인근 블루베리 농장에서 하루 일당으로 4만 원을 줄 때, 우리는 점심 식사를 제공하고 6만 원을 지급했다.

"함 회장이 넉넉하게 주라고 했잖아요."

윤 교수가 웃으면서 나름의 계산법을 알려 주었다. 이천에서는 도시락을 싸 오는 대신, 일당 6만 원에 교통비로 1만 원을 더 준다는 설명이다. 경제적인 여유가 이웃을 배려하는 선한 의지와 맞물린 결과였다.

3년 후, 이천농장의 첫 수확기가 됐을 때는 블루베리 가격이 100g당 4,500원 정도였다. 그때만 해도 초창기라서 백화점 판매 가격이 그랬다. 그때가 한국 블루베리 가격의 전성기였다. 첫해 농사비를 제외하고 나와 윤 교수가 각각 700만 원의 순수익을 분배했다. 이듬해부터 850만 원, 그다음 1,000만 원, 그리고 1,300만 원까지 소득이 점점 늘어났다. 나무가 3년차를 넘기면서 열매가 커졌고, 수입도 그만큼 증가한 결과였다.

그 당시 윤 교수의 세 딸이 미국에 살고 있었다. 윤 교수 부부는 봄, 여름에는 블루베리 농사를 짓고, 겨울에는 미국에 있는 딸들을 만나러 2~3개월씩 다녀오곤 했다. 윤 교수는 블루베리 농장에서 나온 수익을 미국 여행 경비로 쓰는 데 충분하다며 내게 고마움을 나타내기도 했다.

10년 정도를 함께 블루베리 농사를 지어서 얻은 수익을 배분할 때는 나름의 기준이 있었다. 예를 들어 블루베리 100평 농장에서 수확한 열매의 매출이 100%라고 하면, 농사비용 30%와 기타 비용 10%를 제하고 남은 60%를 2분의 1인 30%씩 배분했다.

나는 블루베리코리아에서 이런 메뉴얼로 블루베리 농장 프렌차이즈 사업을 하는 데 힘을 쏟았다. 하지만 처음 약속을 그렇게 하고는 많은 사람들이 수입이 괜찮다고 생각했는지, 독자적으로 혼자 하겠다는 사람들도 있었다. 나는 계약서를 근거로 법적 절차를 밟을 수도 있었지만, 혼자 하겠다고 하면 조건 없이 내가 물러섰다. 그리고 블루베리 농장의 프렌차이즈 사업은 차후로 미루고 윤 교수님과의 동업에만 집중하며 10여 년을 함께해 왔다. 나는 블루베리 도입 초창기부터 전문가로서 협회 일을 주로 했기에, 블루베리 농가들에 양보하면서 이끌어 갈 수밖에 없었다.

그리고 한국과 미국의 F.T.A. 협정이 체결되고 미국에서 생과일이 수입되자, 국내산 포도 가격이 하락하고 포도 농가가 어려움에 빠졌다. 그러자 농림부에서 포도 농가에 F.T.A. 피해 보상을 해준다는 발표가 나왔다. 마침 블루베리 또한 미국과 칠레산이 수입되어 가격이 하락하고 있었다. 나는 협회장으로서 블루베리를 F.T.A. 피해 농작물로 지정해 달라고 농림부에 신청했다.

그로부터 얼마 후 농림부에서는 농업경제연구소에 피해 조사를 의뢰했고, 검토한 결과 블루베리는 F.T.A. 피해 농작물로 선정되었다. 1년 피해 작물 보상은 나무 1주에 5,500원으로 결정되었다. 폐농을 하면 블루베리 나무 1주에 55,000원의 보상금이 나왔다. 블루베리 농장을 시작할 때 초기 비용(묘목, 피트모스, 관수 시설, 방조망, 저온 저장고, 선별기 등)이 많이 들어가는 것을 인정받아 농민들에게 제법 큰 금액의 보상을 하였다.

그 당시 블루베리 재배를 시작한 지 10년이 넘었고, 점점 지쳐가고 있던 참에 나도 폐농을 신청했다. 일단 폐농을 신청하면 본인 소유의 농장을 모두 정리해야 하고, 향후 5년 내에서는 블루베리 농업을 시작할 수 없다는 것이 조건이었다. 전국의 블루베리 농가에는 뜻밖의 큰 보상이 아닐 수 없었다. 내가 사단법인 한국블루베리협회 회장으로 재임시 2,000억 원 정도의 피해 보상금이 블루베리 농가에 지급되었다.

나 또한 폐농을 하면서 5년 후에 작은 규모의 블루베리 농장을 시작하리라 마음으로 다짐했다. 그리고 윤 교수님과도 10년 동안 재미있게 농장을 운영했는데, 블루베리 1,000평 농장을 폐농할 때 성목 1주당 55,000원의 보상을 받았다. 보상금 5,500만 원을 받아 처음 블루베리 농장에 투자한 금액을 회수할 수 있었다.

윤 교수님과 10년을 함께했던 블루베리 농장 운영은 나에게 감사한 일이고, 축복이라 생각한다. 이 자리를 빌려 다시 한 번 윤권상 교수님 부부에게 감사한 마음을 전하고 싶다. "감사합니다."

7

블루베리의 미래

나는 블루베리 농장을 운영하는 동안 국내 식품전람회나 일본, 미국 등에서 개최되는 식품박람회에 주목했고, 개인적으로 또는 정부 관계자들과 단체로 참관하기도 했다. 특히 유럽에 가면 미래 식품의 트랜드를 읽을 수 있기 때문이었다.

프랑스 파리식품박람회(SIAL)는 세계 최대의 식품박람회로 꼽힌다. 나는 2012년 파리식품박람회장을 돌아보며 블루베리가 미래의 트렌드 식품으로 자리매김한 걸 알 수 있었다. 사람들은 건강에 좋고 먹기 편한 식품, 요리하기 좋은 식품, 친환경적이고 안전하며 기능성이 있는 식품을 중시한다는 것이 이 박람회의 주제였다. 블루베리는 오메가쓰리(omega-3)가 함유된 연어와 더불어 이 모든 조건을 충족시키며, 기능성이 가장 우수한 식품으로 선정되었다.

2015년 호주 세계블루베리 총회에 참가했을 때도 비슷한 경험을 했다. 블루베리 관련 세미나에 참가한 세계 석학들의 연설을 듣기 위해 운집한 청중들 앞에서 런던대학 경제학 교수가 블루베리 산업의 미래에 대한 전망을 분석했다. 그는 영국의 국민소득이 25,000달러이던 2000년도부터 42,000달러로 증가한 2010년도까지 영국 국민들의 과일 소비 패턴 변화를 예로 들어 세계 시장의 흐름을 진단했다.

발표 내용에 따르면, 국민소득이 25,000달러였던 2000년 기준으로 과일 소비량 1위는 사과, 2위는 바나나, 베리 종류는 3위, 포도는 4위였다. 그러나 국민소득이 42,000달러로 오른 2010년에는 베리류가 1위를, 사과가 2위를 차지했다고 한다. 2014년 기준으로 우리나라의 국민소득은 25,000달러 정도였고, 이때 우리나라의 과일 소비량은 1위가 사과이고, 소비금액은 9,000억 원이 넘어서 영국의 사과 소비금액 1조 원과 비슷하다. 결론적으로 한 나라, 아니 전 세계의 식생활 문화는 그 나라의 국민소득에 따라 과일 소비 패턴이 바뀌는데, 그 종류와 금액은 국민소득에 따라 소비하는 품목이 달라지는 현상을 볼 수 있다고 한다.

그리고 국민소득이 높을수록 블루베리를 선호한다고 한다. 발표자는 그 근거로 세계 각국의 블루베리 농가가 2010년 전후로 20%씩 증가하고 있다는 자료를 제시했다. 나는 영국에서 온 경제학 교수의 세미나 연설을 들으면서 선진국의 과일 소비 패턴이 변화하고 있음을 알게 되었다. 그리고 우리나라는 블루베리 소비가 시작 단계라서 블루베리 농사에 대한 확신과 희망을 가질 수 있었다.

영국은 블루베리와 관련하여 감동적인 스토리텔링을 가진 나라다. 2차 세계대전 당시 영국 공군 조종사는 세계 최강의 조종사로 명성을 떨쳤다고 한다. 영국 공군에서는 매년 최고의 조종사를 뽑는데, 그 당시 탑건으로 선발된 조종사들 중에 블루베리가 생산되는 지역 출신이 많았다고 한다. 그래서 영국 공군 조종사들은 특별히 블루베리 주스와 잼을 먹기 시작했고, 그 후에도 영국 전투기 조종사들은 어두운 여명 속에서도 멀리 있는 적기를 명중시키는 무서운 조종사라는 명성을 얻었다고 한다.

우리말로 표현하면, 블루베리는 밤눈이 좋아지게 하는 과일이다. 블루베리에는 안토시아닌이 많이 함유되어 있기 때문에, 밤 운전이 어려운 사람들이 블루베리를 많이 먹으면 밤눈이 밝아진다. 이처럼 블루베리는 눈에 좋고 혈액 순환에 탁월한 효과가 있는 항산화 식품으로 으뜸인 과일이다.

블루베리는 국민소득 30,000달러부터 소비가 증가하는 작물이다. 스토리텔링의 진위 여부와 상관없이 영국인들의 소득 수준이 올라가면서 블루베리의 소비량이 높아진다는 점을 봐도 알 수 있는 사실이다.

2017년 세계블루베리 총회가 중국에서 개최된다는 것도 호주 블루베리 총회장에서 들었다. 일본도 아닌 중국이라니. 우리나라도 블루베리 상업 재배를 시작한 지 10년이 넘었다는 사실이 실감이 되는 순간이었다. 호주 블루베리 농장에서 아르바이트를 하던 중국 유학생들의 권유에 따라 호주인들이 중국으로 이주한 게 그때로부터 7~8년 전 일이라고 한다.

미국이나 일본을 경쟁 상대로 생각하고 중국은 염두에 두지도 않았던 때였다. 중국에서 블루베리 농장을 운영하는 외국인들이 많다는 이야기가 예사롭게 들리지 않았다. 인구 대국인 중국에 블루베리가 도입되었으니 수출길이 열리는 것도 시간 문제였다.

나는 블루베리 같은 고소득 작물도 한국 농가들에는 농업 연금이 될 수 있다고 굳게 믿는다. 한국의 6대 과수(사과, 감귤, 감, 포도, 배, 복숭아)는 농촌 인구의 고령화로 인해 어려움이 많다.

첫째. 한국의 과수 농사는 농약과 재배 관리가 힘들다.

둘째. 과수목이 높고 커서 관리가 어렵고, 열매가 무거워 여성은 수확, 관리가 힘들다.

셋째. 재배 면적과 수확량에 비해 판매 금액이 적다.

이러한 점으로 볼 때, 블루베리 농사는 3월에 묘목을 심고 6월에 일찍 수확하기 때문에 7월이면 1년 농사가 마무리된다. 6개월 동안 농사를 짓고 나머지 6개월을 쉬어 갈 수 있어서 자기 시간이 많고, 노동의 강도가 높지 않다. 그리고 6대 과수에 비해 고소득 작물이며, 작은 면적에서 고소득을 올릴 수 있다. 또한 한 번 심으면 50년 동안 수확하므로 100세 시대의 노령연금나무라 할 수 있다. 즉 50세 이후에 부부가 1,000평(1,000주)에 블루베리를 재배한다면, 노후를 잘 보낼 수 있는 것이다.

나는 도시인들이 주식에 투자하듯, 블루베리에 투자하여 안정적인 수익 기반을 다질 수 있는 여건을 만들어 갈 계획이었다. 자본의 선순환을 통해 도시와 농촌이 더불어 사는 상생의 길이 열린다면, 그 이상의 보람이 없을 거라고 생각했다.

그러한 내 계획을 현실로 만들기 위해 회원 교육에 신경을 많이 썼으나 종종 안타까운 상황을 겪어야 했다. 적어도 50년은 사업성을 유지하는 블루베리 농사는 입지 조건 선정과 품종에 대한 정확한 정보를 가지고 시작해야 실수가 없다. 내 경험상 남서향의 양지바른 위치에 배수가 잘 되는 마사토가 블루베리 재배에 적합하며, 노지 재배 품종은 듀크나 드래퍼가 한국 토양에 적합하다. 우리나라 중부 지역 노지 재배에 적합한 듀크나 드레퍼 품종은 소비자 선호도가 가장 높게 나타났다.

블루베리 교육 현장에서 항상 이 점을 강조했으나 묘목상들은 신품종을 권한다. 검증되지도 않은 품종을 선택하는 경우가 허다했다. 나중에 농사를 망쳤다고 하소연하는 이야기를 들어보면, 대부분은 신품종 운운하는 상술에 현혹된 케이스였다.

8

끝나지 않은 블루베리의 꿈

내가 주도하여 설립한 '(주)블루베리코리아'는 기존 15,000주 농장으로 시작하여 한 해 약 5,000주씩 블루베리 묘목을 늘려 나갔다. 주주들 사이에서 불만 섞인 우려가 흘러나왔으나 파이는 키울수록 좋다는 생각에서 적극적으로 추진했다.

블루베리 5,000주로 수익을 내려면 연간 8천만 원씩 3년간 약 2억5천만 원을 부담해야 한다. 퇴직금으로 사업에 뛰어든 주주들에게는 3년을 기다려 수익금을 배분하고, 다시 그 돈을 새 사업에 투자하는 게 벅찬 일이었을 것이다.

나는 주주들에게 수익금을 10% 정도로 배당할 때 5%는 현금으로, 5%는 열매로 가져가도록 했다. 건강을 위해서 시작한 일이니 주주들이 먹어 줘야 한다는 명분을 내걸었으나, 농장을 더 늘리고 싶은 욕심이 작용했던 것도 사실이다. 급기야 주주 4명 가운데 2명이 독자적으로 블루베리 농장을 운영하고 싶다는 뜻을 밝혔다. 30,000주를 심고 3년을 더 기다려야 하는데, 계속해서 투자만 할 수는 없다는 게 이유였다. 5~6년째 신규 투자를 못하

니 수익금 배당도 할 수 없었다.

앞만 보고 달려간 내가 독단적으로 비쳤을 수도 있다. 두 사람은 내가 바른손 대표이사 시절에 이사로 재직한 동료들이었다. 본의는 아니었으나 내 주장대로 밀고 나가는 모습이 상사가 업무를 지시하는 것처럼 보였을지도 모른다는 생각이 든다.

빠져나간 주주 두 사람 몫을 남은 두 사람이 인수하고 계속해서 사업을 이어 갔다. 남은 주주도 불만이 없을 리 없었다. 수익금으로 투자금을 내기도 힘들다는 말을 듣고 농장은 30,000평에서 더 이상 확장하지 않기로 했다. 그래도 항상 일은 많고 사람은 부족했다. 일에 지친 농장 관리인이며 현장 직원들은 두 손 두 발 다 들고 나갔다. 수확과 관리에도 문제가 생겼다. 일손이 달려 일

블루베리 농장 전경

본 수출도 포기했다.

공교롭게도 그 무렵 정부에서 일자리 만들기라는 명목으로 펼친 노랑풍선 운동이 확산하고 있었다. 도로 청소, 쓰레기 줍기 등의 간단한 일을 하고 돈을 받으니, 농장 인력의 상당 부분을 차지하는 고령층이 그쪽으로 우르르 빠져나갔다. 정부의 행정과 농촌 현실의 차이는 일손을 필요로 하는 현장의 어려움을 더욱 가중시켰다.

자동 선별기가 절실히 필요한 때였다. 블루베리 강도를 선별해서 골라내는 선별기는 미국, 호주, 뉴질랜드에서 사용하는데, 대당 7억 원에 달했다. 인부들이 일일이 눈으로 보고 손으로 만져가며 선별 작업을 하다 보니, 클레임에 걸리거나 반품 처리될 경우 그 손해는 고스란히 농가의 몫이었다.

선별기를 구입한다고 해도 효율이 너무 떨어졌다. 예를 들어, 하루에 블루베리 10톤 정도를 선별한다 해도 가성비가 떨어지는 판국에 그나마도 수확량은 예상에 훨씬 못 미쳤다. 비싼 기계를 쓸 기회가 많지 않으니 너무 비효율적이었다.

세계 주요 블루베리 생산국의 농장을 돌아보면서 가장 안타까웠던 점은 이 부분이었다. 모든 지역에 조합을 만들어 농사를 짓고 수확한 후, 선별 작업부터는 조합이 맡아서 공동으로 판매까지 한다. 블루베리를 따는 일부터 선별 작업, 포장에 이르기까지 거의 모든 과정이 기계화 작업으로 이루어지고 있었다.

반면에 우리나라는 사과, 배, 단감, 감귤, 포도, 복숭아 선별장은 있으나 블루베리는 외국 과수로 분류되어 각종 지원이나 보조 사업이 없다. 공무원들은 수확량만 가지고 따진다. 나는 우리나라의 6대 과수 대비 블루베리가 부가가치가 높은 과일이라는 비교표를 만들어 원예특작과학원에서 P.T.를 하기도 했다. 농민의 입장에서 바라보면 보이는 해법을 그들은 보려고도 하지 않는다. 시장은 하루가 다르게 변하는데 관행대로 6대 과수만 지원하고 장려했다. 탁상 행정이 불러온 모순이다.

나는 지난 15년 동안 매년 한 차례씩 공무원들과 함께 미국, 캐나다, 일본, 호주, 뉴질랜드, 유럽, 이탈리아, 독일, 스위스, 네덜란드, 프랑스, 영국 등의 선진 농업국을 견학했다. 국민이 낸 세금을 쓰고 다니는 출장길에서 공무원들은 어딜 가나 눈으로 건성건성 보는 견학이었다. 농정원 관리, 농협 직원, 선견지 강사, 농민 대표 등 우리나라 농업을 이끌어 갈 사람들이 농업 중심의 선진국 농업과 유통에는 관심이 없었다.

외국 농가를 견학하면서 내가 수익성이라든가 구체적인 정보를 물어보려고 하면 오히려 그런 거 물어보지 말라고 눈치를 주었다. 네덜란드나 스위스 같은 선진국 농민조합을 보고도 느낀 바가 많았다. 그들은 농민조합원들을 위해 경영을 해준다. 이런 사람들이야말로 진정한 농업의 CEO라고 할 만한 사람들이다.

농업 선진국의 조합은 농산품 경매가 열리면 담당자를 내보내 조금이라도 좋은 조건으로 팔아 주려고 애쓴다. 고수익을 올릴 수 있는 농산물 가공법이나 농민 복지에도 신경을 써 준다. 그들에게는 농민들의 전폭적인 지지가 따르기 마련이고, 조합의 규모가 커지고 민원이 많아지니 농민조합원 가운데 국회의원도 나온다. 이런 사람들이 국회로 나가 농민을 위한 예산을 더 확보하기 위해 노력하고, 농민에게 유리한 정책을 개발하기도 한다.

외국은 농산품 경매가 화상으로 이뤄지는 데 반해 우리는 경매 중개인이 따로 있다. 외국은 농민이 값을 결정하는데, 우리는 왜 그게 안 되느냐고 함께 동행한 직원에게 물었더니 기가 막힌 대답이 돌아왔다.

"선진 농업국의 경매 가격은 농민이 스스로 결정하고, 한국은 중간 경매인이 가격을 결정하는 시스템이다."

공무원의 노력이 우리 농민을 잘 살게 할 수 있는데, 우리나라 농업은 효율이 떨어지는 농업을 계속하고 있다. 아이러니하게도 우리나라는 농정을 담당하는 공무원들이 농민에게 부정적이고 믿음이 적다. 농가 부채에 큰 몫을 차지하는 농기계는 기껏해야 몇 달 정도만 쓰고 세워 놓는 경우가 대부분이다. 농협에서 싼 이 자로 융자해 준다고 하니까 덜컥 사 놓고 놀리면서 빚만 떠안은 채 세월을 보내는 것이다.

6대 과수는 정부에서 농협을 통해 전국 요소요소에 한 곳씩 선별장 저온 저장 물류 창고를 만들었으나 효율적이지 못한 운영으로 국가 재원이 비효율적이고, 세금 부담을 가중시킨 주범으로 전락해 버렸다. 공급과 수요가 맞지 않고 비효율적인 운영 때문이다. 작목반별로 배 선별장, 사과 선별장, 포도 선별장을 따로 운영하는데 짧게는 3개월, 길게는 6개월 쓰면 텅텅 비어 버린다. 개인은 한두 달 쓰다가 김치, 배추, 무를 넣어 두고 그 아까운 전기를 써댄다. 여름이면 전국적으로 전기 부족을 겪는 이유 중에 이런 것도 포함되지 않을까 싶다. 어디 그뿐인가. 모든 채소 과수가 수확철에만 쓰는 냉동 차량을 농민 각자 1~2개월 사용하고 세워 놓거나 일반 차량으로 이용하니, 참으로 딱한 일이다.

농민의 고민을 풀어 주는 게 농협의 일이다. 6대 과수 농가가 아니라도 저온 저장고나 차량을 지역민이 저렴한 가격에 공동으로 이용할 수 있게 하면 소비자와 농민 모두에게 보탬이 될 것이다. 요즘은 저렴한 비용에 농기계 임대가 이뤄지고 있다고 하니, 그나마 다행이라는 생각이 든다. 농업은 다른 산업 분야에 비해 정부의 정책적 지원이 매우 중요한 몫을 차지한다. 우리나라는 농업

연구 인력은 많지만, 농민들에게 실질적인 도움이 미흡하니 농업 경쟁력이 떨어진다. 인터넷을 검색하면 나오는 재배법이나 가공 자료로는 농업을 발전시킬 수 없다.

획기적인 농산물 유통 시스템을 갖춘 일본은 각 도에서 건설한 농산물 가공공장을 식품 가공 유통 전문 기업에 위탁해서 운영하고 있다. 대신 원료는 지역에서 생산되는 농산물을 우선적으로 매입해서 쓰는 걸 원칙으로 한다. 농사는 농민에게 맡기고, 가공이나 판매는 전문 기업에 맡기는 철저한 분업을 통해 각각의 전문성을 살리는 시스템이다.

내가 블루베리 농사를 처음 시작할 당시에는 과학적이고 합리적인 시스템이 제대로 갖추어져 있지 않았다. 특히 해외 과종인 블루베리 농업은 연구직이나 기술직이 전무한 실정이고, 이렇다 할 매뉴얼도 없었다. 이러한 악조건 속에서도 우리나라 블루베리 소비 시장의 규모는 10년 만에 3천억 원대로 성장했고, 현재는 4천억 원대에 이른다.

나는 2016년부터 건강 문제로 FTA 피해 농작물 폐농을 신청하고 블루베리 유통만 하고 있다. 15년 가까이 블루베리 농사에만 전념하다 보니 이제는 나이도 들고 몸과 마음이 예전 같지 않아 대규모 농장을 경영하기에는 무리가 따랐기 때문이다.

그렇다고 나의 도전이 끝난 것은 아니다. 지난 3년간 향후 1,000평 규모의 모델로 연간 5천만 원 수익 창출 매뉴얼을 완성해 보려고 한다. 이를 토대로 꼬박꼬박 월수입 300~500만 원의 연금이 보장되는 연금나무 블루베리 농장 프랜차이즈를 사업화하는 게 이루고 싶은 꿈이다. 보통 사람이 전원 속에서 아무런 걱정 없이 블루베리 1,000평을 재배하며 살아갈 수 있는 사회적 시스템이 갖춰져야 비로소 그 나라는 선진국이라 할 수 있을 것이다. 연금나무는 이제부터 시작이다.

100세 시대가 멀지 않은 고령화 사회에서 블루베리와 같은 소과 과일과 고소득 작물은 노령화 세대의 일자리 창출은 물론, 건강한 삶을 영위하는 데 크게 기여할 것이다. 우리 농촌에서 블루베리 농장 1,000평(블루베리 1,000주)이 연소득 3만 달러의 연금 농장이 되는 날을 기대하며, 블루베리 재배 매뉴얼을 만드는 일에 남은 인생을 보내고 싶다.

끝으로 블루베리 도입 초창기에 블루베리의 최고 전문가인 서울대 이병일 명예교수님과 함께할 수 있었던 인연은 나를 비롯한 블루베리 농가에 큰 축복이고 행운이었다. 이병일 교수님의 헌신적인 희생과 블루베리 사랑이 한국 블루베리 농업의 기반을 만들었다고 해도 과언이 아니다. 이 글을 통해 이병일 교수님께 특별한 감사의 마음을 전한다. "이병일 교수님 감사합니다."

우리 농촌에서 고소득 작물 블루베리를 재배하여 노년을 행복하게 살아가는 꿈이 이루어지는 날을 기대하며 이 글을 마친다.

맺음말

인생을 살아가는 삶 자체가 새로운 일에 도전하는 것이고, 그것을 실천하려면 용기가 필요합니다. 자기 인생의 선택과 그 일을 해결할 때 최고의 전문가와 함께한다면, 사회에 울림과 감동까지 주는 결과를 가져올 수 있습니다. 특히 리더는 사회에 유익한 일을 즐겁고 정직하게 하면서 정면 돌파를 해야 합니다. 그러한 사회가 건강한 사회이고 지속 가능합니다.

이 글을 책으로 엮어 출판하기까지 몇 년을 망설이고 고민했습니다. 그런 나에게 용기를 불어넣어 주신 포북출판사의 계명훈 대표님, 손일수 주간님, 그리고 신영란 작가님께 감사한 마음을 전합니다.

- 함승종

프로젝트 코디네이터

2023년 11월 15일 초판 1쇄 발행

지은이 | 함승종

펴낸이 | 계명훈
편집 | 손일수
마케팅 | 함송이
경영지원 | 이보혜
디자인 | 디자인올
인쇄 | RHK홀딩스

펴낸 곳 | for book
주소 | 서울시 마포구 만리재로80 예담빌딩 6층
출판 등록 | 2005년 8월 5일 제2-4209호
판매 문의 | 02-753-2700(에디터)

값 17,000원
ISBN 979-11-5900-133-8 (13320)